Ursula Antonitsch

Das schwarze Schaf im Kloster

novum pro

www.novumverlag.com

Bibliografische Information der Deutschen Nationalbibliothek:

Die Deutsche Nationalbibliothek verzeichnet diese Publikation in der Deutschen Nationalbibliografie. Detaillierte bibliografische Daten sind im Internet über http://www.d-nb.de abrufbar.

Alle Rechte der Verbreitung, auch durch Film, Funk und Fernsehen, fotomechanische Wiedergabe, Tonträger, elektronische Datenträger und auszugsweisen Nachdruck, sind vorbehalten.

© 2017 novum Verlag

ISBN 978-3-99048-748-8
Lektorat: Dr. phil. Ursula Schneider
Umschlagfotos:
Andreykuzmin, Pavel Mastepanov, William Park | Dreamstime.com
Umschlaggestaltung, Layout & Satz: novum Verlag

Gedruckt in der Europäischen Union auf umweltfreundlichem, chlor- und säurefrei gebleichtem Papier.

www.novumverlag.com

Das schwarze Schaf im Kloster

Meine Autobiografie ist in erster Linie ein Seitenhieb gegen die römisch-katholische Kirche und der leidige Versuch, das Zölibat endlich zu reformieren. Warum mir das ein so großes Anliegen ist, werde ich Ihnen auf den kommenden Seiten genau erzählen.

Wir alle leben gemeinsam im 21. Jahrhundert nach Christi Geburt und das sollte keine große Weltreligion ausgrenzen. Als bekennende Atheistin glaube ich an Aktion und Reaktion, Ursache und Wirkung. Und doch biete ich meinen Kindern eine Wahlmöglichkeit, indem ich noch immer Kirchensteuer bezahle! Meine Kinder werden, wenn sie es denn so wollen, die heiligen Sakramente der Taufe und Firmung erhalten.

Ich darf Ihnen versichern, dass eine gute Tat weniger mit einer Örtlichkeit als mit dem Glauben zu tun hat. Es ist viel mehr die Fähigkeit zur Herzensgüte sowie die Förderung und Entwicklung eines freien Geistes. Begriffe wie Ethik und Moral sowie Aufklärung über alle Religionsformen sollten endlich in den ebenfalls reformbedürftigen Religionsunterricht aufgenommen werden!

Auf unserem Planeten verhungern im Jahr EINE MILLIARDE Menschen, darunter eine mir Gott sei Dank unbekannte, hohe Zahl an Kindern.

Glauben Sie, dass das sein muss? Nein, aber es kümmert UNS nicht! Wir sitzen ja alle vor voll beladenen Tellern und schlemmen meist zu viel in uns rein!

Ehrlich, kennen Sie noch das Gefühl des knurrenden Magens, bei dem Ihnen schon eine zarte Übelkeit über die Speiseröhre kriecht? NEIN? Kein Vorwurf, aber ein globales Umdenken wäre wünschenswert! Aber ich werde hier kein Kochbuch schreiben, denn ich küsse besser, als ich koche.

Im Anhang werden Sie erfahren, was es mit diesem Satz auf sich hat. Ich fand also im Alter von 14 Jahren in drei unterschiedlichen Klöstern, natürlich ungefragt, ein neues Zuhause. Meine

Wenigkeit, das schwärzeste Schaf unter allen, würde auch seinen Platz in der Herde finden.

So lade ich Sie ein auf meine Reise hinter hohe Mauern. Geprägt von Emotionen, Eindrücken und vielen Persönlichkeiten, die ich nicht immer kennenlernen wollte. In diesem Sinne Halleluja und viel Spaß beim Lesen! Ich machte mich auf den Weg in einem Zeitraum von nicht mal zwei Jahren durch drei Bundesländer. In meinem Rucksack hatte ich die unendliche Liebe – zu einer älteren Dame – verschnürt, eine Menge Mut und körperliche sowie geistige Fitness.

Ich über mich

Es folgen einige Fakten, die ich Ihnen nicht ersparen kann, damit Sie wissen, wo wir hier einsteigen. Am 30.10.1967 kam ich gesund und munter zur Welt. Meine Mutter hatte damit wenig Freude und mein biologischer Erzeuger war überrascht. So gesehen bin ich ein Produkt eines Abends, aber mit ungeahnten Nebenwirkungen, wie sich bald zeigen sollte.

So begibt sich meine Mutter auf die Suche nach einer Tagesmutter, da bin ich gerade mal sechs Monate alt. In einem Fleischergeschäft wird sie auch bald fündig, eine 62-jährige Pensionistin wird mich bei sich aufnehmen.

Die wiederum hat die Entscheidung wohl eher mit ihrem Herzen getroffen als mit dem Verstand. Aber ich darf sagen, ich war ein süßer Fratz und von mir aus war es Liebe auf dem ersten Blick.

Mit Sack und Pack wurde ich dann bei meiner neuen Leih-Oma abgeliefert. Zu meinem Besitz gehören ein hölzernes Gitterbett, Babybekleidung und mein weißes Seidentuch. Dieses Seidentuch ist meine Einschlafhilfe. Ich reibe es zwischen meinen Daumen hin und her, rauf und runter, immer wieder – und schwups bin ich eingeschlafen.

Zu diesem Zeitpunkt konnte ich sitzen, das machte ich auch. So schwankte ich immer angeblich brummend hin und her wie ein kleiner Bär.

Vier Monate vergehen, meine Mutter schickt das vereinbarte Geld und ich bin endlich mal erwünscht. Was meinen Sie, was das für ein Gefühl ist und wie ich mich prächtig entwickle.

Ja, da schau her, ich hörte nach wenigen Tagen auf zu brummen! Können Sie sich denken, wer dafür verantwortlich ist? Ja, dieses unsichtbare Band der sogenannten Liebe. Es wurde zwischen drei Personen geknüpft!

Zwischen der älteren Dame mit ihrem Sohn und diesem kleinen, süßen, fremden Spatz. Er, der Sohn, ist wohl mein größter Fan und ich seine kleine Prinzessin. Ich wurde verwöhnt und auf Händen getragen. Ein Nein, den deutschen Begriff der Verneinung, dessen Bedeutung kannte ich nicht. Ich bekam alles, was ich mir nur wünschte, Spielzeug und allem voran Puppen. Sogar die haben fast alle Nationalitäten, ich hab sogar ein schwarzes Baby. Ich äußerte meinen Wunsch und da schau her, es wurde gekauft. Den Großteil meiner Wünsche bezahlte mein Papa und in den ganzen 14 Jahren wurde er mir gegenüber nur ein einziges Mal richtig sauer. Es gab da mal ein Erdbeben in einem angrenzenden südlichen Land, bei dem Hunderte Menschen zu Tode kamen. Ich wollte denen helfen und bestellte im Verlauf einer Schulaktion 100 grüne Schrauben mit dem Schriftzug: WIR HELFEN FRIAUL! Das Stück kostete seinerzeit 10 Schilling und so hatte ich 1000 Schilling zu bezahlen. Da bin ich zwischen zehn und elf Jahre alt und möchte halt helfen, aber so viel Geld habe ich nicht zur Verfügung. Was meine liebe Klassenlehrerin dazu veranlasste, mein Mitteilungsheft für einen Roman zu halten. Eine Mahnung jagte die nächste.

Mal waren die Ausreden zu Ende und mein Papa entdeckte das, ich bekam dafür ein paar Schläge auf den Hintern. Dafür hatte ich aber endlich das notwendige Geld und 100 grüne Kugelschreiber – das hatte doch was.

Weil ich mich so sehr für dieses Erdbeben interessierte, fuhr er mit mir dorthin und zeigte mir die zerstörten Ortschaften.

Und Oma war für meine seelische Entwicklung sehr prägend. Sie war immer für mich da, kochte täglich, was ich wollte, las mir alle Kinderbücher vor, die sie zur Verfügung hatte. Und ich konnte, bevor ich zu lesen begann, alles auswendig aufsagen und verstand die Bedeutung der Worte schon ziemlich früh.

Das und vieles mehr verdanke ich ausschließlich dieser unendlichen Liebe, die diese ältere Dame für mich übrig hatte. Mein Lieblingsspiel ist die Puppenküche, ein Stockwerk mit Möbeln und Puppen. Stunden verbringe ich hier spielend als Lehrerin. Mit diesem Puppenhaus verbinde ich nicht nur meine schönsten Kindheitserinnerungen, da drinnen steckte ein kleiner Teil von mir!

Die beiden waren ja Wirtschaftsflüchtlinge mit jüdischen Wurzeln. Sie wissen, was das damals bedeutete. In bescheidenen Arbeiterverhältnissen wurde ehrlich und freundlich in einer Mietwohnung gelebt. Es dauerte nicht lange und bald waren wir im ganzen Stadtviertel bekannt. Und irgendwann nahm mal wieder das Schicksal seinen Lauf.

Der junge Berufskraftfahrer und meine gut aussehende, aber trinkfreudige Mutter lernten sich kennen und vielleicht sogar lieben. Wir, also seine Mutter und ich, hatten keinen Einfluss mehr. Es wurde schnell geheiratet und ich war endlich meinen ledigen Namen los. Zu diesem Zeitpunkt säuft meine Mutter schon wie ein Bauarbeiter und verhält sich auch nicht anders, echt peinlich.

Jahre vergehen, ich bin glücklich und es macht sich ein Geschwisterchen auf den Weg zu mir. Auf einmal stehen die beiden da mit so einem ganz kleinen, fast zerbrechlich wirkenden Baby. Da bin ich schon neun und denk mir nur: witzig, wie er da so liegt. Eingedreht und dünn, etwas kränklich ausschauend. Das ist mein Bruder und endlich hab ich ein lebendiges Spielzeug. Gemeinsam ist es doch am schönsten, obwohl ich sagen muss, bis er laufen konnte, hielt sich meine Freude in Grenzen.

Die Alkoholprobleme wurden immer größer und es kam zur Trennung. Zuvor wurde noch eine große Eigentumswohnung gekauft mit Geld, das niemand hatte. Für Kinder, die wir nun mal waren, ist es ja schon schlimm genug, wenn es zur Scheidung kommt, aber die Streitereien davor sind unerträglich für mich und meinen Bruder.

Alles ist geklärt, glauben zumindest die Erwachsenen, und für uns geht die Reise zu unserer leiblichen Oma am Rande der Stadt. Zuvor waren wir aber noch kurzfristig bei drei anderen Pflegefamilien untergebracht. Koffer packen konnten wir sehr bald ganz schnell.

Besagte leibliche Oma steht als Witwe mit zwei heranwachsenden Jungs, einer 18 und einer 19, alleine da. Mein Opa starb recht früh an Lungenkrebs und den Folgen des Alkohols. Viel Mitgefühl brauchten wir da nicht erwarten, sie ist bekennende Nationalsozialistin und kennt nur eine Lebensregel – Arbeiten macht frei! Ich wandere sofort, so kommt es mir zumindest vor, zur Gruppenübung beim Bundesheer. Ein Wahnsinn, von Montag bis Freitag mit dem Rad zur Schule, im Winter zu Fuß, und am Wochenende war ich Bauhilfsarbeiter! Ich bin mir nicht sicher, ob sie überhaupt bemerkte, dass ich ein Mädchen war. Auch als Reinigungsdame bin ich im Einsatz.

Meine Onkel, einer davon Maurer, der andere Fliesenleger, hatten nicht mal die Möglichkeit zur freien Berufswahl. Der Oberfeldwebel liebt also Beton und so kommt eine alleinstehende Frau im Handumdrehen zu zwei Einfamilienhäusern. Bei einem davon habe ich vom Fundament bis zur Deckung mitgearbeitet. Der Maurer hatte die Bauaufsicht und mein anderer Onkel hatte wie ich zu helfen. Ich führte mit dem Schubkarren den Beton, oft war mir richtig schummrig vor den Augen. Die Zementsäcke wogen damals fünfzig Kilogramm und ja, die hob ich alleine vom Fleck. Am Abend wie tot ins Bett, zum Frühstück warme Milch mit Honig und vor dem Wegfahren einen Löffel Lebertran als Starthilfe. Zum Kotzen, ich hätte liebend gerne darauf verzichtet. Oft genug schluckte ich die Kotze wieder runter, hielt mir dabei den Mund zu und atmete nicht.

Aber da sie in der Nacht – welch Zufall – in einem Betonwerk sauber machte, kamen wir als Einzige in unserer Siedlung in den Genuss von frischen Semmeln und Zuckerschnecken. Bald sah ich körperlich auch so aus wie ein Bauarbeiter. Unsere Mutter bekamen wir kaum mehr zu sehen, die jobbte im Ausland. Und sobald alle zusammenkamen, gab es unaufhörlich eh nur Streit. Mein Onkel, der Fliesenleger, hatte wie wir nichts zu lachen, er war immer nur ein Trottel und Versager.

Er starb im Alter von 48 Jahren an den Folgen des Alkoholmissbrauchs. Ich behaupte heute, auch an den Folgen der suggestiven Kräfte, die wir als Eltern auf unsere Kinder bewusst oder unbewusst einwirken lassen.

Als Belohnung dafür, dass ich so brav geschuftet habe, bekam ich jede Menge Taschengeld, das ich natürlich in Klamotten und Schminkzeug investierte. Und ich war echt gehorsam und machte alles, was der Oberfeldwebel verlangte. Ich stahl sogar auf Anordnung jedes Gemüse, das im ganzen Umkreis unserer Siedlung mit dem Fahrrad erreichbar war.

Das Originellste war ja die Kartoffelernte nächtens mit dem Anhänger.

Da verlor mein Onkel in der Nacht 100 Schilling irgendwo am Acker beim Bauern. Was glauben Sie, was die erneut verlangte? Die Kartoffeln bleiben da und retour zum Acker, bewaffnet mit Taschenlampen machten wir uns gemeinsam auf die Suche nach dem verlorenen Geld. Und wehe, ihr findet den Hunderter nicht! Für so viel Geld hätten wir ja die Kartoffeln auch gleich kaufen können.

Es wagte niemand, etwas zu sagen, ich kam nur oft aus dem Staunen nicht heraus. Es gab noch zwei, drei Vorfälle und dann die Tatsache, dass mein Körper immer mehr zur Frau wurde – Sie wissen, wie sich das bei Mädchen ankündigt. So kamen mit der Pubertät nicht nur Akne und Körperhaare, sondern auch mein innerer Widerstand kündigte sich schrittweise an. Mit meiner Tante aus Amerika stand ich in diesem Haus völlig allein da. Sie meinte nur, ich solle ja aufpassen, aber von einem aufklärenden Gespräch waren wir meilenweit entfernt. Ich war schon froh, dass sie mir alles einkaufte, was ich benötigte. Ich hätte das wohl nicht gekonnt, immerhin bin ich erst 13 Jahre alt, da schämt man sich noch. Sexualität und Aufklärung gab es in erster Linie in der Schule und bei meinen Freundinnen. Dort wurden meine weiblichen Anliegen auch ernst genommen, wir hatten alle das gleiche Problem und jede Menge zum Lachen. Und da es ohnehin um unser Lieblingsthema ging, hatten wir noch dazu eine Menge Spaß und das Jugendmagazin „Bravo" diente aufklärend als fachliche Information für uns – Doktor Sommer.

Ich hatte dann aber doch genug von dem ganzen Zirkus dort und meine richtige Oma konnte ich bald nicht mehr anschauen! Nachdem sie einige Hamsterjunge neben mir mit heißem Wasser überbrühte und so zu Tode brachte, hatte ich nur noch Ekel für sie übrig!

Ihre Befehle hörte ich nicht mehr und so wurde aus einem Skorpion ein Esel im Tierkreiszeichen. Für mich gab es noch einmal echt geile Sommerferien mit meinen Freunden in unserer Siedlung. Einige Unwahrheiten wurden verbreitet und so wurden sie mich dann endgültig los. Meine Mutter und meine richtige Oma waren im Lügen echte Landesmeister.

Meinen Bruder nahm sie mit nach Deutschland in ein Mönchskloster. Es sollte Jahre dauern, bis ich ihn wiedersehen konnte – in Worten nicht zu beschreiben, was man ihm damit antat. Einem Hund im Tierheim ging es zeitgleich bestimmt besser. Es steht beim Jugendamt fest, dass ich in ein Heim für verhaltensauffällige Jugendliche komme.

Zu meiner geliebten älteren Dame durfte ich nicht zurück und das nur, weil wir nicht biologisch verwandt waren.

Ein Sozialarbeiter kommt mich am Montag in der Früh mit seinem uralten VW abholen und bringt mich weg. Es ist die erste Woche vor meinem eigentlich letzten Schuljahr – ach ja, und ich hatte nur gute Noten. Im Herbst ist das Wetter wie meine Stimmung, dunkel und vernebelt wie meine künftigen Aussichten. Mein Sozi ist ein ungepflegter Mann und sein Auto ist flotter als er. In wenigen Minuten Fahrzeit erreichen wir das riesige Kloster. Mein Fahrer ist erleichtert, er macht seinen Job und möchte mich so schnell als möglich forthaben. Dass er von dieser Aktion selber nicht überzeugt ist, sehe ich ihm an. Er beobachtet mich traurig, wie ich meine Habseligkeiten wortlos vom Rücksitz nehme.

Traurig bin ich schon, aber auch etwas neugierig, denn ich hätte es dort, wo ich war, nicht mehr ausgehalten. Ich werde kurz und bündig informiert und danach begleitet er mich schnellen Schrittes hinein.

Das Gebäude ist echt riesig. Was mir aber sofort auffällt, sind die vergitterten, großen, bunten Fenster. Ich selbst sehe auf den ersten Blick aus wie ein frecher, kleiner, durchtrainierter Junge. Bekleidet bin ich mit Jeanshose, Kurzarmleibchen und darüber ein Armeehemd.

Wir oder besser gesagt ich werde erwartet von der Oberin dieses Klosters, eine dünne Nonne mit kalten Augen. Im Pinguin-Stil läuft sie mir geschäftig entgegen. Auch sie beobachtet mich im Gehen und ist sichtlich amüsiert. Dabei grinst sie so, als wisse man ja bestens Bescheid über meine Wenigkeit.

Die guten Hirtinnen, wie sie sich nennen, gehören zu den Franziskanern. Mal sehen, ob sie halten werden, was sie versprechen, ich habe so eine dunkle Vorahnung.

Im nächsten Moment sitzt sie mir direkt gegenüber in einem gepflegten Zimmer mit einem beeindruckenden alten, schönen Schreibtisch. In die Nase steigt mir der angenehme Duft der Möbelpolitur, im Moment das einzig Wärmende in diesem Raum. Die Formalitäten sind innerhalb weniger Minuten erledigt und ich werde nach einer knappen Verabschiedung in mein neues Zuhause geleitet.

Schon als ich die Tür hinter mir ins Schloss fallen ließ, erkannte ich meinen dramatischen Fehler sofort. Beim Datenaufnehmen gab ich meinen Stiefvater als meinen leiblichen – also richtigen – Vater an, der er ja für mich auch immer war. Aber hier wurde das wohl anders aufgenommen, keinen Schimmer.

Ich sah meinen richtigen Vater das erste Mal, als ich vier Jahre alt war. Daran kann ich mich kaum noch erinnern. Aber wir waren Eis essen gegangen, daran kann ich mich noch sehr genau erinnern. Aber ich weiß, dass es eine erbbiologische Untersuchung gab in einem anderen Bundesland. Bis auf die weiblichen Geschlechtsteile totale Übereinstimmung mit meinem Erzeuger.

Ich werde also nach einer kurzen telefonischen Voranmeldung von der Oberin persönlich in die Gruppe geleitet. Einen sehr langen Gang runter, das Nebengebäude hinauf und dort in den zweiten Stock.

Auch hier werde ich schon ungeduldig erwartet und es herrscht kollektive Unruhe. Ich bin der Neuzugang, so wird das hier genannt. Und schon wieder kommt eine Nonne auf mich zu. Sie watschelt wie eine Riesenente mir entgegen, die Beine auffällig seitlich weggedreht. Im gleichen Moment frage ich mich, wie so eine Gestalt sich überhaupt fortbewegen könne. Ihr Gesicht hat nichts Liebliches an sich und ich sollte mit meinem ersten Eindruck recht behalten. Es geht wieder bis zum Ende der Enziangruppe, der letzte Raum vor der Küche, dort befindet sich das Büro. Dieses ist der Stützpunkt und Aufenthaltsort vom Gruppendrachen, wenn er nicht gerade in der Kirche weilt, und den beiden weltlichen Erzieherinnen, die von außerhalb der Klostermauern kommen. Sie wechseln sich ab, alle zwei Wochen oder wöchentlich, keine Ahnung. In der Zwischenzeit ist die Chefin irgendwohin abgebogen. Ich habe keinerlei Orientierung im Gebäude, was mich total nervt. Das sollte sich bald ändern, ich beginne sofort, Kontakte zu knüpfen. Die Mädchen sitzen ja ohnehin alle im selben Boot und jede von ihnen ist überaus freundlich. Von den Nonnen haben sie sich das aber bestimmt nicht abgeschaut. Das wäre unmöglich, da lacht kein Pinguin, immer wird die Fassung gewahrt, keine Emotion wird sichtbar.

Die Menschheit sucht verzweifelt nach anderen Lebensformen. Ja, dann machen Sie mal einen Klosterbesuch, besser noch, Sie buchen einen Urlaub.

Meine neue Gruppenchefin erklärt mir müde und mit wenig Interesse den genauen Tagesplan, der sofort penibel einzuhalten ist. Der, auf den Punkt gebracht, viele Verpflichtungen, aber keinerlei Rechte für mich beinhaltet. Sie lässt bei mir keinen Zweifel, dass sie mich nicht ausstehen kann.

Von einer pädagogisch ausgebildeten Erzieherin werde ich in mein neues Zimmer gebracht, hier sollte ich mich mal ordnen. Was das genau bedeutet, weiß ich nicht, es ist mir schlicht und ergreifend egal.

Zur Verfügung stehen mir ein Kasten, ein unbequemes Bett mit alter Matratze, ein Schreibtisch aus Holz, eine Schuhablage und zwei schmale Regale. Hier sind wir zu viert im Zimmer untergebracht und ich sehe in den Innenhof dieses Klosters mit dem Ausgangstor!

Nun bin ich ein Zögling. Dieses Wort leitet sich von Zucht ab und man will auch bei mir mit der Züchtigung sofort beginnen. Um Gewalt auszuüben, benötigen sie nicht zwingend eine Peitsche, es genügen Worte der Demütigung.

Ich bin gerade mit meinem bescheidenen Kleiderschrank fertig und will nur kurz meine Matratze testen. Einmal runterkommen und erholen von meinen ersten fremden Eindrücken, das plante ich. Aber nichts da, der Gruppendrachen kontrolliert meinen Kasten und wirft mein gesamtes Zeug vor mir auf den Boden.

Alles wird hier Bug auf Bug gelegt, die gesamte Bekleidung ist faltenfrei, also glatt gebügelt natürlich, und rein abzulegen. Es schleicht sich ein neugieriges, aber total nettes Mädchen vorsichtig an mich heran. Sie ist sehr hübsch, etwas älter als ich und hat blondes, gelocktes Haar und traurige, blaue Augen. Sie beginnt, statt meiner den Kasten richtig einzuräumen mit zwei Worten, Disziplin und Gehorsam seien hier überlebensnotwendig. Ich beobachte sie neugierig. Das ist im Übrigen eine Leidenschaft von mir.

Ich liebe den Blick auf das Detail und liebe alles, was klein ist. Das und vieles andere lehrte mich mein Papa und das, obwohl uns kein gemeinsames Genom verbindet.

Ein Genom ist eine Erbinformation, sie prägt unser Wachstum entscheidend mit.

Zurück zu meiner neuen Freundin und zu meiner wieder gewonnenen Fassung. Also ich bin auf der Suche nach Verhaltensauffälligkeiten, aber bei keinem Mädchen, das ich hier kennenlerne, fällt mir was auf.

Bei den Nonnen sieht das merklich anders aus, die spinnen und sind echt schräg drauf.

Die Stunden vergehen und ich bin bemüht, mir alles zu merken, was mir meine neue Freundin erzählt und zeigt. Für ein angeblich friedliches Zusammenleben hier muss man sich an den Tagesablauf halten, der wie folgt aussieht.

Um fünf Uhr dreißig ist Wecken, zu diesem Zeitpunkt geht die Nonne von Zimmer zu Zimmer. Später kommt die Erzieherin nach. Gleich darauf geht es in den Waschraum, es folgt eine kurze, aber ordentliche Waschung am Waschbecken. Im Nachtgewand ruhig zurück in das Zimmer, flott anziehen und aufbetten. Auch eine Herausforderung für mich! Dreimal dürfen Sie raten. Ja, wieder alles bügelglatt gezogen und mit einer Tagesdecke wird das Bettzeug extra abgedeckt. Viel reden in normaler

Lautstärke ist nur in den Zimmern erlaubt, nicht auf den Gängen, dort gilt maximal Flüstern, besser ist aber das Schweigen. Sonst fängt der Drachen nämlich schnell zu zischen an. Das wäre ja nicht so schlimm, aber dieses blöde Gesicht dazu ist nicht zum Anschauen. Sie will böse und Furcht einflößend rüberkommen. Beängstigend ist das für mich nicht, wenn einem der Speichel aus dem Mundwinkel tropft.

Unnötig zu erwähnen, dass ich sie lieber von hinten sehe als von der Vorderseite.

Da wir ja die Gruppe in der Regel nicht verlassen dürfen, habe ich keinen Einblick in die anderen drei Gemeinschaften.

Danach heißt es sammeln im Wohnzimmer oder, wie es hier genannt wird, im Gemeinschaftsraum. Dort teilen sich die Arbeitsgruppen rasch auf. Meine Aufgabe für die nächsten Wochen ist, mit meiner neuen Freundin das Essen aus der Großküche zu holen, die im Erdgeschoss dieses riesigen Gebäudes liegt. Das Essen wiederum befindet sich in tragbaren Alu-Behältern und wir bringen es in unsere Gruppe. Das ist im Moment mein einziger Lichtblick, denn dieser Arbeitsauftrag bringt mir Orientierung.

Dort sind schon einige Mädchen mit Küchenarbeiten beschäftigt, sie decken und dekorieren liebevoll den Tisch und das Frühstück wird zügig angerichtet. Bevor wir aber damit beginnen, kommt der Gruppendrachen und es wird das erste Mal gebetet.

Stehend in gerader Körperhaltung, jeder vor seinem eigenen Platz mit gesenktem Blick auf den eigenen Teller. Zu diesem Zeitpunkt haben die Nonnen schon ihren ersten Kirchengang und die Messe hinter sich.

Mit übertriebener Sauberkeit wird hier gelebt und während der Zeit des Betens wird kein Laut geduldet. Die Holzböden werden hier noch mit Bürsten poliert, was wie folgt abläuft: Die Mädchen bekommen eine Fußbürste an ein Bein und damit wird in Reih und Glied wie beim Tanzen ein Bein in kurzen, schnellen Schritten nach vorne gedreht. Das zweite Bein zieht dich weiter und es entsteht eine tanzähnliche Bewegung wie beim Twisten. Diese Arbeit, das Bürsteln, wie wir es nennen, gefällt allen sehr gut und mit Musik wäre das noch viel geiler.

In unserer Freistunde proben wir das mal und es hat uns allen Spaß gemacht, aber eine Fortsetzung gab es nicht. Der Drachen hält von Humor gar nichts und das Lachen kann einem bei so einer dominanten Persönlichkeit auch bald wieder vergehen.

Nicht ein Mal locker lassen, immer nur treten auf uns Mädchen. Vielleicht sieht sie auch schlecht, ich bin kein Fußabstreifer, fühle mich aber so.

Unter der Woche ist ein Kirchgang in der Früh nicht einzuhalten, aber zur Lourdes um 16 Uhr müssen auch wir alle mit.

Dort wird täglich der Rosenkranz gebetet, diverse Kirchenlieder gesungen und auf Themen bezogen gebetet. Das sind Fürbitten für die ganze Welt. Die betende Gemeinschaft bittet um Hilfe zum Beispiel für hungernde Kinder in Afrika.

Es versteht sich, dass wir täglich beten und immer im gleichen Rhythmus. Anders wäre ja ein Vordringen in unsere Köpfe nicht möglich.

Am Wochenende gehen wir alle gemeinsam in die Kirche und hier ist unser zentraler Treffpunkt. Es wird gesungen und – klar – wieder gebetet und ein Pfarrer gestaltet die Messe. Sollte man sich hier ein Späßchen erlauben, fliegen die Fetzen. Beim Singen im Kirchenchor wurde ich zur dritten Stimme eingeteilt. Und auch wenn ich nicht singen möchte, ich muss, meine Stimme wird benötigt. Alle Wohngruppen und alle Mädchen bekam ich da wenigsten zu Gesicht und natürlich auch die Obernonnen der anderen Gruppen.

Hier ist es so: Wenn man sich eine Woche lang als Zögling auf das Ordentlichste benommen hat, bekommt man am Freitag für das Wochenende drei Zigaretten. Diese kann man am Wochenende im Freien auf einer Terrasse rauchen. Die Mädchen, die nicht rauchen, bekommen Süßigkeiten. Hier werde ich das lassen, zu Hause habe ich aber beim Ausgehen auch schon mal geraucht.

Klar, in der Clique mit guter Musik zum Tanzen, ja, da war ich auch immer mit dabei. Aber hier, im Rahmen eines versperrten Geländes ohne Humor, habe ich darauf keinen Bock. Die Mädchen müssen sich aber das Feuerzeug immer bei der Erzieherin oder der Nonne abholen und es wieder zurückbringen.

Hier werden also sanfte Drogen an die Mädchen gegeben, um sie bewusst und mit vollem Vorsatz abhängig zu machen.

Die Idee selber ist ja nicht so dumm, nur im Hinblick auf die römisch katholische Kirche echt harter Tobak. Zu meiner Zeit war das Rauchen erst im Alter von 16 erlaubt. Was geschieht denn hier? Die meisten in unserer Gruppe sind unter 16. Ach ja, Entschuldigung bitte, ich habe vergessen, dass das Jugendschutzgesetz und somit der Schutz von minderjährigen Personen für die Kirche nicht von Belang ist. Meine drei Zigaretten, die ich bekam, hab ich verschenkt oder umgetauscht.

Mit Gabi, meiner Freundin, verbringe ich die meiste Freizeit und sie gibt sich echt Mühe, mich für diesen Ort zu begeistern. Ich hingegen bin abwartend.

Beim Frühstück stehen zur Auswahl Tee, Kaffee oder Kakao. Zum Beißen altes Brot und Marmelade oder pikante Aufstriche aus der Dose – Hundefutter, gerade gut genug für uns. Am Wochenende gibt es dann aber doch für die ganze Gruppe frische Semmeln und ab und an eine Mehlspeise. Danach wieder sammeln und es kommt wieder zur Aufteilung.

Ich bin nun in der letzten Schulstufe und gehe mit dem Gruppendrachen und den anderen im Gänsemarsch über den Innenhof, also hinter der watschelnden Ente in die Sonderschule direkt hier im Kloster.

Also ich in einer Sonderschule – das reißt mich echt vom Hocker, denn das ist in keiner Form gerechtfertigt. Überhaupt ist das alles eine Scheiße, die mich nach und nach immer zorniger macht. Die Schule liegt gegenüber meinem Zimmerfenster im Innenhof auf der rechten Seite im zweiten Stockwerk.

Eine andere Gruppe von Mädchen geht in die Schneiderei, denn dort kann man den Beruf zur Damenkleidermacherin erlernen. Da wird einem dann beigebracht, wie man sich den Habit selbst nähen kann, das ist die Berufskleidung der Ordensfrauen. Dorthin geht meine neue beste Freundin Gabi und die Lehre dort ist sehr mühsam, immer in gebückter, wortloser Haltung über der Nähmaschine. Ein anderer Teil geht in die Hauswirtschaftsschule, man lernt, auch vor Ort hier, die Befähigung zum nützlichen Diener. Ich für mich bin dankbar, mal in die Schule zu kommen, denn ich weiß nicht, wie lange ich es nur in der Gruppe ausgehalten hätte. Abwechslung, Bücher und was zum Lernen, das hilft mir mal, über die ersten Tage der Trauer zu kommen.

Ich vermisse meinen Papa und meine Oma und überhaupt bin ich hin und her gerissen von meinen Gefühlen. Gefangen in einem nicht enden wollenden, eiskalten Albtraum.

Immer wieder suche ich verzweifelt nach Lösungen. Wer oder was könnte mir denn helfen? Aber da drehe ich mich nur im Kreis. Ich hab ein großes Problem, meine leiblichen Eltern wollen keine Verantwortung übernehmen, sonst hätten sie es ja schon getan. Und dieses eine Scheißproblem haben die meisten Mädchen hier, eigentlich alle, die ich kennenlernte. Ja, und die beiden, die dazu bereit wären – liebend gerne –, dürfen plötzlich nach 14 Jahren nicht mehr.

Und ich bin das schwächste Glied in dieser Kette. Was mache ich nun? Diese Frage beschäftigt mich schon sehr und ich komme damit immer wieder gewollt oder ungewollt in Berührung.

Die Fakten aber sehen so aus, die missratenen Umstände zwingen mich, hier zu sein!

Nach der Schule kommen wir als Erste in die Wohngruppe zurück und warten dort auf die anderen.

Immer vor Ort die Nonne, die uns Enzian-Kinder überhat, und je eine Erzieherin, die sich wöchentlich abwechseln. Die sind aber etwas lockerer als die Nonne. Im Büro der beiden Ladys werde ich oft vorstellig, weil ich ab und an eine Lektion nötig habe, wie die Schwester Margret meinte. Mit meinen Dummheiten kann sie nichts anfangen, es gibt manchmal Stress und ich entschuldige mich halt. Beim Umdrehen denke ich mir, dich soll doch der Teufel verschlucken. Nur sinnbildlich, bitte verstehen Sie meine Emotionen.

Mein erster Schultag ist besser vorübergegangen, als ich es mir vorgestellt habe. Die Zöglinge, wie wir hier genannt werden, sollten oder müssen Schwester Margret wie folgt ansprechen: MUTTER Margret, darf ich Sie bitten, mich etwas in Ruhe zu lassen. Das sagte ich nicht, aber diese Betonung auf „Mutter" ist unwahr und höchst suggestiv. Die Zehn Gebote, auf denen unser Glaube aufgebaut ist, kennen Sie. Eines davon lautet – ja, genau, DU SOLLST NICHT LÜGEN! Wie bereits von mir geahnt, der Gruppendrachen spinnt total. Gabi meinte aber, ich solle sie so ansprechen, wenn ich was von ihr wolle. Ja, und ich gebe sogar nach, vorerst mache ich das reumütig.

Die Schülerinnen warten, bis die Arbeiterinnen von ihrer Arbeit zurückkommen.

Ich lege mich auf mein Bett, aber nicht lange, denn die Erzieherin kratzt gerade die Kurve. Es folgt eine Aufklärung. Tagsüber hat niemand sich ins Bett zu legen, außer bei Krankheit und nur mit Fieber.

Auch in Ordnung, ich steh halt wieder auf und bügle mein Bett abermals widerwillig gerade. Gabi kommt von der Arbeit und hat nun eine Mittagspause. Zuvor holen wir schnell wieder für die Gemeinschaft das Essen.

Der andere Trupp ist wieder mit dem Tisch beschäftigt und ich hab Pause.

Uns Mädchen ist es gestattet, uns im Gruppenbereich frei zu bewegen. Sollte ich diesen Bereich verlassen wollen oder müssen, geht das nicht, ohne das vorher anzumelden im Büro. Jeder Schritt wird überwacht und da gibt es keine Ausnahme für keine von uns Mädchen. Dieser Arbeitsplan, den jede von uns einzuhalten hat, wird schriftlich einmal im Monat festgelegt. Ich bezweifle, ob ich noch eine andere Tätigkeit übernehmen werde.

So setze ich mich in Bewegung und informiere mich, denn ich möchte so viel als möglich erfahren. Und dazu brauche ich die anderen Mädchen. Alle Zimmer sind gleich aufgeteilt, nur ich bin in einem Vierbettzimmer. Es dauert keine drei Tage und ich kenne mich in meiner Gruppe bestens aus.

Wir blödeln und lachen sehr viel, ich bringe den frischen Wind der Heiterkeit ohne Rücksicht auf Verluste. Ich erfinde das Duschenrutschen. Dem, der es nicht kennen sollte, rate ich, es mal unbedingt zu versuchen. Die Dusche oder das Bad wird mit 3–4 cm Wasser überflutet und eine Menge Flüssigseife oder Seife kommt auf den Boden. Die Tür wird geschlossen, Sie ziehen sich aus und rutschen auf dem Hinterteil oder in stehender Haltung so schnell Sie können herum. Ich darf anmerken, eine gewisse Sportlichkeit sollte gegeben sein. Aber da sich die Geschwindigkeit ja variieren lässt, können das alle ausprobieren, die gerade gehen können und schon mal eislaufen waren.

Immer zum Scherzen bereit mache ich halt auch so meine kleinen Streiche. Aber mein Humor ist in dieser Wohngruppe bestimmt nicht erwünscht. Der Gruppendrachen speit schon Feuer in meine Richtung.

Eines Tages am frühen Nachmittag wird beim Kloster für mich ein Abendessen hinterlegt. Von meiner geliebten Oma und nur für mich! Sauerrahm mit Schnittlauch, Salz und Pfeffer, dazu eine frische Semmel. Ich bekam mein Lieblingsessen allerdings nur einmal. Denn am kommenden Tag, fast zur selben Zeit, soll ich in das Büro der Gruppe zu einer Unterhaltung. Noch habe ich keine Ahnung, was sie will, und so mache ich mich unwissend auf den Weg zu ihr.

Unser Gruppendrachen sitzt pompös wie immer – eine Macht – hinter ihrem Schreibtisch. Sie blickt mit ihren kalten, ausdruckslosen Augen direkt in meine.

Dass die sitzt, wundert mich nicht sonderlich, mit den verdrehten Füßen und mit dieser Masse an Körpergewicht kaum anders möglich.

Plötzlich fängt sie an, mir zu erklären, dass ich dieses Abendbrot, das mir meine Oma mit dem Bus zum Kloster brachte, nicht benötige. Sie wirft den befüllten Plastiksack neben mir in den Mülleimer, ohne auch nur nachzusehen, was da drinnen ist!

Triumphierend sieht sie mich an und schickt mich umgehend zurück in die Gruppe. Eins zu null für den Feuerdrachen, aber eine unkluge Handlung, denn ich beginne ab sofort mit dem Gegenangriff.

In dieser besagten Nacht komme ich nicht zum Einschlafen, ich weine viel. Ich drücke ich mir meinen Daunenkopfpolster so lange auf das Gesicht, bis ich Atemnot bemerke und meinen Herzschlag bis zum Hals spüre.

Bis zur totalen Erschöpfung geht das, danach schlafe ich irgendwann mal todmüde ein.

Es ist aber wieder fünf Uhr dreißig, Zeit zum Aufstehen, und ich mache wieder dasselbe wie an all den Tagen zuvor im gleichen Rhythmus.

Hier hat jedes Mädchen seinen Rucksack zu tragen und keines davon tut sich wirklich leicht damit. Du hast nur drei Optionen, die möchte ich Ihnen nicht vorenthalten.

Man ist bemüht, uns das Klosterleben schmackhaft zu machen, um später mal selbst das Noviziat abzulegen, hahaha. Also Nonne zu werden und auf Lebzeiten unentgeltlich den nützlichen Diener zu spielen. Aber im Sinne der römisch katholischen Kirche, also absolut willenlos. Nicht schlecht, für eine angeblich im Geiste berufene Nonne ja auch bestimmt das einzig Richtige.

Nonne zu werden, daran wird die Kirche alles setzen wollen, wenngleich mit fraglichen Methoden.

Zweite Möglichkeit ist, dass man hier die Schule fertig macht, einen Lehrberuf erlernt und danach wieder heim kann – vorausgesetzt, man hat ein Zuhause.

Das ist zugegeben nicht die schlechteste Variante, dauert mir aber viel zu lange. Also entscheide ich mich für die dritte Möglichkeit: absoluter Widerstand und nichts wie weg von hier! Diese dritte Möglichkeit ist sicher nicht die vernünftigste Lösung, aber es ist nun mal meine Entscheidung.

Gabi meinte, dass ich mir das genau überlegen solle, denn eine Flucht von hier sei nicht gerade schwierig, habe aber unliebsame Folgen.

Hurra, es hat sich Besuch für mich angemeldet und ich frag gar nicht, wer es denn sei. Es ist mein Stiefvater, das weiß ich einfach. Die Erzieherin geleitet mich bis zur Pforte und lässt uns für einige Minuten allein. Mein Papa ist vielleicht nicht ganz so traurig wie ich, aber schon erschöpft, das sehe ich ihm an. Es wird mal umarmt und fest aneinandergedrückt und wie immer genieße ich das. Papa ist wie immer perfekt gestylt in Anzug und T-Mantel. Gewaschen, gestriegelt und gebürstet riecht er nach seinem Rasierwasser. ER war bei dem Kardinal und überall bei den Stellen der Fürsorge, aber es sieht für ein Nach-Hause-Kommen sehr schlecht aus.

Wir hätten uns die Worte sparen können, ich sah die Trauer in seinen Augen. Unbemerkt steckte er mir eine größere Menge Geld zu, das ist mein Ticket in die Freiheit. Da ich zu wenig passende Bekleidung habe, dürfen wir in Begleitung mit einer Erzieherin in die Stadt zum Einkaufen fahren. Ich bekomme wie gewohnt immer das, was ich will, und das Beste: Wir sind im teuersten Sportgeschäft in der Stadt unterwegs. Bei mir wurde nie gespart, nie bei uns Kindern, das gab es bei uns nicht. Also war ich eine verwöhnte Modepuppe, das muss ich sagen. Zurück im Kloster gibt es noch eine kurze Verabschiedung und Papa meint, dass er alle Möglichkeiten prüft, um uns wieder nach Hause zu bringen. Wir drücken uns wieder zum Abschied und ich sag, er solle auch meine Oma für mich küssen. Und erzähle ihr, wie sehr sie mir fehlt! Viel reden brauche ich nicht, er kennt mich und weiß, wie ich mich fühle. Wieder begleitet von der Erzieherin komme ich wenige Augenblicke später mit meinen neuen tollen Klamotten in die Wohngruppe zurück.

Raunen und Staunen bei meinen Mädchen, mit in der Tüte ein weinroter Lackschuh mit unglaublichen Absätzen.

Diesen schönen Schuh würde ich nur einmal im Zimmer kurz tragen, danach – schwupp – ist er verschwunden. Raten Sie mal, wer meinen Schuh mit ziemlicher Sicherheit aus meinem Kasten entfernt hat! Dieser Ballschuh erregte einfach zu viel Aufsehen bei den Mädchen. Das ist in Ordnung und gerechtfertigt, aber ein unangekündigtes Entwenden von meinen Schuhen, das ist Diebstahl! Genau. Und es lautet ein nicht unwichtiges Gebot: Du sollst nicht stehlen. Ich erfahre nicht, wohin mein Schuh gekommen ist, aber ich weiß, dass ihn kein Mädchen genommen hat.

Mein Plan zur Flucht reift schnell. Ich möchte morgen noch das Abendessen abholen, gehe damit aber nicht mehr zurück zur Wohngruppe. Meine Jacke mit wenigen Utensilien und meine heiß begehrten Turnschuhe werde ich in den leeren Transportboxen verstecken. Gabi weihe ich in mein Vorhaben ein, sie wird mit mir kommen und gemeinsam ziehen wir das durch. Das

Abenteuer lockt und wie gesagt ist es mir egal, was danach passiert, mir geht es nur um die Gegenwart und die Tatsache, dass ich hier fehl am Platz bin. Gabi trifft auch ihre Vorbereitungen, aber bis zum Schluss glaube ich eher, dass sie einen Rückzieher macht.

Freitag, unser letzter Tag hier. Ich bin in Höchstform und kann den späten Nachmittag kaum erwarten. Gabi hat nun doch ihre Zweifel, aber ich bin beinahe ansteckend und überrede sie auch erfolgreich. Um 17 Uhr nach der Lourdes gehen wir mit den befüllten Transportboxen zur Küche.

Im langen Gang in einem dunklen Eck verstecken wir für wenige Minuten unsere Schuhe und Jacken. Wir lassen die Boxen mit Kaiserschmarren und Apfelkompott befüllen und gehen, nachdem wir uns bedankten, schnell zum Gang zurück. Umziehen, das kostet uns höchstens drei Minuten, und wir sind startklar.

Ich bin echt nachtragend, kann man wohl so sagen, und leere den Kaiserschmarren sowie das Kompott auf dem Gang aus. Ich hoffe inständig, den Gruppendrachen wenigstens für diesen Abend den Appetit versaut zu haben. Gabi blickt mich an, als stünden wir auf einem unbeschränkten Bahnübergang. Vielleicht ist das der Auslöser, warum sie nicht kapituliert, denn diese Aktion sorgt gewiss für Aufregung.

Durch die Seitentür über den Innenhof, entlang der Mauer zum großen Tor, das offen ist. Schon sind wir außerhalb der Mauer und gehen, uns an den Händen haltend, zur nächsten Bushaltestelle. Das dauert gerade mal eine Viertelstunde und nach einigen Minuten Wartezeit löse ich schon die Fahrkarten. Gabi ist etwas bleich im Gesicht und meine Laune ist fantastisch.

Draußen bin ich, die frische Luft ist herrlich und unbeschreiblich erleichternd für mich. Ich habe keinen Schimmer, wie das jetzt weiterläuft, aber die werden einige Anstrengungen haben, mich wieder einzufangen! Wir steigen ein und fahren in die Innenstadt. Von dort zu Fuß Richtung Stadtrand und später mit Autostopp weiter.

Am Straßenrand halte ich meinen Daumen hoch in die Luft und grinse frech und meine Laune lässt auch Gabi langsam auftauen. Es dauert nicht lange und ich sitze am Beifahrersitz eines Opel Manta, in einem heißen Eisen.

Gabi sitzt hinter mir und an ihrem Blick sehe ich die wachsende Unsicherheit bezüglich unseres Abenteuers. Ich höre aber nur den Ruf der Freiheit und freue mich über die Aussicht, dass es nicht mehr lange dauern wird, bis ich meine Oma sehen werde. Nun aber zu unserem Fahrer. Es ist ein junger, sportlicher, dunkelhaariger Mann und er hat dieses Auto recht gut in der Hand. Mir fallen seine eigenartigen komischen Haare gleich auf, echt witzig, wie ein Schwarzafrikaner so eine starke Krause.

Er arbeitet mit Holz und ist auf dem Weg zu einem Kumpel. Dort wartet die übliche Wochenendparty, aber dieses Wochenende wird wohl anders laufen. Wir fahren nur so in der Gegend rum, holen uns bei einer Tankstelle was zum Trinken und er gibt weiter Gas. Ich lobe seine Fahrkünste. Gabi grinst und ich bin voll am Flirten, was wiederum Gabi voll amüsiert. Und ich erkenne sofort meine Chance, als er meine Frage, ob er denn eine Freundin hätte, verneint.

Ab jetzt bin ich nicht mehr zu bremsen, aber ich entscheide, dass ich ihm doch die Wahrheit sagen muss. Ziellos in der Gegend rumfahren, wird ja auch nicht viel bringen. Wir bleiben irgendwo am Straßenrand stehen und vertreten uns die Füße. Ja, und ich erzähle ihm die ganze Scheiße, bis wir eben ihn getroffen haben.

Eine halbe Stunde später sind wir mit besagtem Auto und einem neuen Freund Richtung Hochgebirge unterwegs. Das Gelände kennt er von den Truppenübungen beim Bundesheer und hier oben würde uns niemand suchen.

Wir tauchen also unter für die erste Zeit – sicher die beste Idee.

Es werden bei einer Tankstelle noch einige Dinge gekauft und ich bin glücklich, dass ich selbst bezahlen kann. Danach stellen wir das Auto ab und es folgt ein längerer, durchaus anstrengender Fußmarsch. Als wir bei der Hütte ankommen, ist Gabi schon etwas mitgenommen, denn ihre Schuhe sind nicht geeignet für so eine Gegend. Wir sind auf mindestens 1500 Seemeter oder höher, das bedeutet, es ist immer mit Schnee zu rechnen. In erster Linie sind wir mit Holzmachen beschäftigt, denn ohne Feuer wird es hier in der Hütte nicht auszuhalten sein. Was für mich so viel bedeutet wie, die ganze Nacht nachlegen. Nasses Holz wird vor dem Ofen zum Trocknen abgelegt. Die Hütte selbst ist karg eingerichtet, aber es ist alles Notwendige für ein paar Tage vor Ort. Hier oben ist zu dieser Jahreszeit niemand und es wird uns auch keiner hier heroben vermuten, das steht fest. Damit sollte Fredi recht behalten und ich bemerke, dass er sehr wohl weiß, auf was er sich hier eingelassen hat. Er wird nur bis Sonntag bleiben und fährt dann wieder heim und macht alles, was er sonst auch tut.

Die Zeit vergeht in der Freiheit wieder richtig schnell und meine Laune wird stündlich besser, da ich eine echte Chance sehe. Mit Fredi an unserer Seite wird es weitergehen, das ist klar, und dafür würde ich wirklich alles tun. Gabi ist nicht so begeistert von diesem Almausflug, aber die Mehrheit hat beschlossen. Vor allem habe ich nicht vor, jemanden, der uns hilft, jetzt unnötig in Schwierigkeiten zu manövrieren. Klar ist auch, aufgrund seiner Volljährigkeit ist er haftbar, und das ist mir durchaus bewusst. Wir sind deshalb hier gelandet und sicher versteckt, bis wir wissen, wie es weitergeht.

Geheizt wird wie bei den Stahlwerken rund um die Uhr, gegessen aber nur das Nötigste und ich bin seit meiner wiedergewonnenen Freiheit mit Glückshormonen ausreichend versorgt. Ich bewege mich viel hier oben und genieße nicht nur die Luft, sondern auch die bescheidene Holzbank vor der Hütte und deren herrlichen Ausblick. Sie lädt mich immer wieder ein, mich hinzusetzen und das Panorama auf mich wirken zu lassen. Fredy macht sich also am Sonntagmorgen wieder auf den Heimweg und lässt uns zurück. Gabi ist bei der Vorstellung, dass wir nun alleine hier sind, nicht so unbekümmert wie ich.

Wir sind grundsätzlich verschieden und das ist auch gut so. Für mich ist die Bewegung ein zentrales Thema. Ich brauche davon täglich genug und hier laufe ich die Hänge rauf und runter und turne um die Hütte herum.

Gabi übernimmt die Oberaufsicht über unser Versteck. Sie liebt die Musik, und wenn sie mir zu nachdenklich dreinschaut, singen wir Lieder, die sie mag. Überhaupt wird viel geredet und noch mehr gelacht. Über was? Natürlich über die Jungs. Und mein neuer Verehrer bekommt auch was ab, also diese Haare sind ein echter Lacher. Aber klar würde ich ihm das nicht sagen und faire Chancen hätte er bei mir nicht. Ja genau, er ist für mich Mittel zum Zweck, aber so bin ich eben.

Wir besprechen immer wieder, was wir sagen, wenn unsere Flucht ein jähes Ende finden sollte. Für uns beide steht fest, dass wir von seiner Hilfe nichts erzählen werden. Meine Geschichte sieht wie folgt aus. Mit Autostopp und unterschiedlichen Leuten in diese Gegend rauf. Danach zu Fuß weiter und per Zufall finden wir diese Hütte und verschaffen uns Zutritt. Fredy wird zurückkommen, ich bin davon überzeugt. Gabi hat ihre Zweifel, aber ich weiß genau, er kommt wieder. Sie lässt einfach früher den Kopf hängen, so sind wir alle anders. Ich bin mir auch bewusst, dass Gabi meinen Humor liebt und das mit ein Grund war, warum sie sich zu diesem Abenteuer entschlossen hat. Denn bevor ich dort aufkreuzte, hatte sie wenig bis gar nichts zum Lachen. Und die Tatsache, dass ich mich nicht auskannte, machte es mir möglich, einfach alles umzusetzen, was ich mir ausdachte. Man hätte mich ja auch vor die Tür setzen können, aber von dem Angebot wollte niemand was wissen. Man wird ja wohl imstande sein, so eine ungezogene, verwöhnte Göre zu brechen. Das sollte bei einigen Mädchen durchaus funktionieren, ich bin aber anders, davon sollten sie ausgehen. So vergeht die Zeit in einer atemberaubenden täglich anderen Kulisse.

Am Freitagabend steht Fredy wieder vor der Hütte. Mit einem breiten Grinsen und einer voll bepackten Reisetasche mit einigem Essbaren und Kleidung – wahre Schätze. In der Zeitung wurden wir kurz als abgängig beschrieben und im Radio kam auch eine Meldung durch, sonst nahm alles wie gewohnt seinen Lauf. Fredy ging zur Arbeit und hat lange nachgedacht, wie es weitergehen könnte.

Am Abend bei Lagerfeuerromantik gibt es eine kurze Lagebesprechung. Eine Woche bleiben wir noch hier und danach geht es mit Fredy in seine Wohnung, direkt bei seiner Firma. Er bewohnt dort allein ein kleines Haus auf dem Firmengelände. Auf diesem Gelände ist aber auch sein Vorarbeiter mit seiner Familie untergebracht und später wird er ihm von mir erzählen müssen. Aber erst, wenn dieser nachfragen sollte, denn es ist ja so, dass Fredy durchaus schon Freundinnen hatte. Bei einem jungen Mann nichts Ungewöhnliches. Seinen Eltern wird er aber nichts erzählen, die würden uns sofort bei der Polizei melden. Gabi ist dieser ganze Plan weder recht noch unrecht, aber sie träumt halt mehr von Abenteuer und Discobesuchen. Das war ja auch von mir anders gedacht, aber Fredy hat recht, wir müssen nun mal versteckt bleiben. Bis sich die ganze Aufregung gelegt hat, ist es einfach notwendig.

Die zweite Woche vergeht langsamer als die erste, aber Langweile kommt bei mir nicht vor. Wir leben in totaler Abgeschiedenheit, aber ich kann sagen, wir vermissen weder die Medien noch Radio und Fernsehen. Wir haben beide Zeit, über unser junges Leben nachzudenken und – was noch wichtiger ist – unsere Freundschaft zu genießen. Wir blödeln viel und ich renne viel rum, man hätte mich bestimmt für hyperaktiv gehalten. Mitte der Woche kommt Schnee und das nicht gerade wenig, aber auch nicht so viel, dass wir eingeschneit wären. Fredy kommt sicher, er wird uns nicht hier zurücklassen, und wenn doch, könnten wir ja zu Fuß wieder runtergehen.

Gabi kann mit ihren Schuhen nicht mehr vor die Hütte, ich hab da die deutlich besseren Schuhe – meine geliebten Adidas Boxleder Sportschuhe, zu unserer Zeit der absolute Hammer.

Im Übrigen das einzige Wertvolle, was ich nun noch besitze, bis auf meine lieblichen Erinnerungen. Wir besprechen auch, wie es für uns weitergehen sollte. Sollte mir Fredy zu sehr an die Wäsche rücken, würden wir wieder das Weite suchen.

Zuvor will ich aber einmal meine Oma besuchen, das muss so schnell wie möglich passieren. Ich will sie sehen und mit ihr reden und sie soll wissen, dass es mir halbwegs gut geht. Ich werde alles versuchen, um sie wiederzusehen, weil ich diese Ungewissheit genauso wenig mag wie meine Träume. Zu diesem Zeitpunkt ist ja meine Oma schon an Krebs erkrankt und wird mit diversen Medikamenten und Bestrahlungen behandelt.

Nicht gerade ein Umstand, den ich noch brauchen könnte. Ich mache mir eben Sorgen und ja, für mich sind diese Ängste durchaus begründet.

Auch Jugendliche lernen schnell, obwohl man uns immer wieder das Gegenteil nachsagt. Ich habe schon verstanden, dass man von meiner Leihoma nichts wissen will. Deshalb ziehe ich auch mein eigenes Ding durch, mir sind die Bestrafungen, die mich noch treffen werden, völlig egal!

Und Angst habe ich keine mehr, so dunkel kann die Nacht gar nicht werden. Es hat genügt, was mir bis zum heutigen Tage angetan wurde. Ich hatte alles, war in den für mich besten Händen, und jetzt bin ich in einem nicht mehr enden wollenden Albtraum gefangen. Und Gabi kann ja nichts dafür, die habe ganz klar ich dazu überredet.

Freitagnachmittag. Ich lauf Fredy entgegen, der mir durch den Schnee stampfend entgegenkommt. Eine freudige Umarmung, ein Kuss auf die Wange und Fredy grinst zufrieden von einem bis zum gegenüberliegenden anderen Ohr.

Ich bin dermaßen gut drauf, dass ich auch Gabi anstecke, und wir machen uns bald gemeinsam zurück auf den Weg zum Auto. Unseren Müll haben wir zum Teil verbrannt, alles andere wird mitgenommen und natürlich hinterlassen wir auch die Hütte so, wie wir sie vorgefunden haben – ordentlich.

Ich weiß, dass es nicht mehr lange dauert, bis ich meine Oma das erste Mal nach vielen Wochen endlich sehen werde. Fredy bringt mich zu meiner Oma auf einen kurzen Besuch und wartet mit Gabi im Auto auf meine Rückkehr. Er unterstützt mich bei allem, was ich vorhabe, auch er kann mir keinen Wunsch abschlagen. Dass er voll verknallt ist, fällt eh jedem auf, und dass ich das für uns ausnütze, ist auch klar. Seine Anmache oder der eventuelle Versuch, mich ins Bett zu bekommen, würden aber scheitern. Ich bin nicht abgehauen, um mich dem Nächstbesten oder Schlechtesten an den Hals zu werfen. Gabi amüsiert das mit uns und mich fängt es an zu nerven. Ja, aber so bezahlt jeder seinen Preis, denn heute in wenigen Minuten kann ich meine Oma endlich wiedersehen – was für ein lang ersehnter Augenblick!

Als wir in der Seitengasse das Auto einparken, hoffe ich, dass mein Stiefvater im Dienst ist. Ich brauche nur Ausschau nach seinem Auto halten und kurz danach kann ich schon schnell die Stiegen rauf in den dritten Stock gehen. Die beiden werden im Auto auf mich warten und ich habe versprochen, dass ich mich beeile. Meine Oma ist daheim und sie ist wie ich glücklich. Da bedarf es nur einzelner Worte, wir halten einander ganz fest umschlungen. Ich erzähle ihr das für mich Wichtigste, dass ich es in diesem Kloster nicht aushalte, weil mich das Heimweh so plage. Und ich kämpfe mit dieser Ungewissheit, ich würde weder informiert, noch gebe es die Möglichkeit, etwas nachzufragen. Das sei nicht gerecht in meinen Augen, zumindest wäre ja ein loser Briefwechsel auch eine Form von Kommunikation, alles machbar, wenn man es zulasse.

Mir ist klar, dass ich eine Jugendliche bin, aber es kann nicht sein, dass ich nur noch Pflichten habe und keinerlei Rechte. Würde man mich mal fragen oder mir die Informationen geben, die ich möchte, hätten sie auch nur den halben Stress. Ich bleibe nicht lange. Oma redet mir meinen Fluchtplan nicht aus, weil sie mich kennt. Das Gegenteil ist der Fall, auch sie gibt mir wieder Geld, damit ich weiter unabhängig bleiben kann. Als ich zurück zum Auto komme, bin ich um gefühlte fünf Kilogramm Sorgen leichter.

Wäre unser Ausflug jetzt zu Ende, wäre das traurig, aber es hat sich für diesen Augenblick für mich gelohnt. Ich für meinen Teil bin zufrieden und glücklich und wir fahren nun gemeinsam zur Wohnung von Fredy auf das Firmengelände. Er bewohnt hier ein kleines Haus mit einem Stockwerk, aber ohne Garten und ohne Zaun. Es steht ja direkt am großen Firmengelände und ist umzingelt von gefällten Baumstämmen und Sägespänen, einer Werkshalle mit Sägen und Maschinen, einem kleineren Büro und noch einem kleinen Haus, wo Fredys Vorarbeiter wohnt. Fredy und er sind sehr gute Freunde und es ist so ausgemacht, dass wir, sollte es nicht mehr anders gehen, eventuell auch ihm die Wahrheit sagen. Fredy und ich sehen ja aus wie ein Pärchen. Das Problem ist nur, wie erkläre ich die dauernde Anwesenheit von Gabi?

Jetzt richten wir uns ein, dazu lässt uns mein Verehrer allein, er besorgt in der Zwischenzeit alles für eine Party. Gabi wird im Wohnzimmer Unterschlupf finden und ich soll in der Wohnküche, wo auch mit Holz und Kohle geheizt wird, mit Fredy in einem Ehebett schlafen. Unnötig zu erwähnen, mit was für einem Lacher das von meiner Freundin quittiert wurde. Die ist überhaupt nur deshalb mit von der Partie, damit sie endlich mal ausgiebig lachen darf. Im Klosteralltag fehlt dafür der notwendige Humor, man ist da schon mit hochgezogenen Mundwinkeln zufrieden, bloß Haltung wahren und keine emotionale Regung zeigen. Nun ja, also ein eigener Schlafplatz, den ich auf der Almhütte ja hatte, ist nun Geschichte. Egal, wir werden halt im gleichen Bett schlafen, was aber nicht heißt, dass wir miteinander Sex haben werden. Sollte es Probleme mit der Verständigung geben, machen wir uns wieder auf den Weg. Gabi möchte eher was erleben und ich bin mit dem schon zufrieden, wie es bis jetzt gelaufen ist. Ein, zwei Mal noch zu Besuch zu meiner Oma, aber ohne Gabi, wo ich auch für einige Worte mehr Zeit hätte, und das wäre es.

Am Abend gibt es eine Party für unsere Ankunft, es wird feuchtfröhlich mit einigen Bieren und Nikotin. Die Schlagerparade konsumieren wir aber nicht vom Radio, nicht notwendig. Gabi kam hier glücklicherweise zu einer Gitarre. Und mehr benötigt eine musische Seele nicht, um glücklich und energiegeladen loszulegen. Sie hat da einen Lieblingssong für mich oder besser gesagt uns ausgegraben mit klingendem Titel – Mensch, Maus, ich lieb dich, in meinen Gedanken und meinen Träumen bist immer nur du! Seit ich mit ihr unterwegs bin, habe ich sie noch nie fröhlicher gesehen, und für mich ist es die Sache einfach wert. Und der Text ist auch absolut passend für Fredy, denn er nimmt einen Anlauf nach den nächsten. Ja, ich habe nicht vor, diese eigenartige Freundschaft zu vertiefen, wenn man das so sagen kann. Die Tage vergehen, ich helfe überall am Firmenareal und bin bald ein guter, geübter Hilfsarbeiter.

Gabi ist allein für die Führung des Haushaltes zuständig, was ihr durchaus gefällt. Ich fahre einmal in der Woche mit Fredy allein zu meiner Oma auf Besuch, wo er aber weiterhin im Auto bleibt. Diese wenigen Augenblicke sind Balsam für meine Seele und das entlohnt mich für alle Strapazen, die ich bis jetzt auf mich nahm. Auf der Flucht zu leben und sich irgendwie durchzukämpfen, ist nicht immer so einfach, obwohl mir die Tatsache, dass ich ausreichend Geld habe, sehr nützlich ist. Fredy entstehen für uns keinerlei Kosten und für meine Hilfstätigkeiten am Wochenende bekomme ich auch gutes Geld. So ist es mir möglich, alles selbst zu kaufen, was wir benötigen, auch Kleidung ist drin. Ich bin ja vielleicht burschenhaft, aber immer gepflegt, darauf lege ich besonderen Wert. Und die Frisur muss auch passen. Ich trage Vokuhila, das heißt, vorne und an den Seiten kurz und hinten lang. Schminken nur, wenn ich was vorhabe, denn ich mag es nicht, wenn sich das Zeug verschmiert. Fredy hat mal unter der Arbeitszeit seinem Vorarbeiter eine Geschichte erzählt. Ich sei die Freundin, nun mehr Lebensgefährtin, und Gabi meine Freundin, die zu Besuch bei uns sei. Am selben Abend steht besagter Vorarbeiter schon vor der Tür mit einem Kasten Bier und einem Rausch im Gesicht.

Bei uns schrillen die Alarmglocken zeitgleich und dieser Abend wird uns zeigen, dass wir uns bald was anderes einfallen lassen müssen. Wir Mädchen trinken natürlich mit, aber wir schwemmen uns nicht weg wie Fredy und sein Kumpel. Mit jedem Abend wird mir das mehr zuwider und zu dumm. Dass dieser alte Vorarbeiter auch noch was von Gabi möchte, bringt das Fass dann doch zum Überlaufen. Fredy hat ja nur komische Haare und, wie sich immer mehr herausstellte, Probleme beim Umgang mit Alkohol. Aber sein direkter Vorgesetzter ist eine Nummer – so können Sie sich einen Kinderschänder vorstellen.

Bei uns laufen alle Vorbereitungen, denn am Abend, wenn Fredy heimkommt, mache ich bei seinem Auto draußen Schluss. Wir hätten uns auch unter Tag wegstehlen können, das wollte ich aber nicht. Er soll meine Beweggründe kennen und hier ist es nicht notwendig, dass ich mich davonstehle. Bei diesem Gespräch, bei dem er schon Tränen in den Augen hatte, sagte ich ihm aber auch, dass er einfach nicht mein Typ sei. Und dass wir uns jetzt doch entschieden hätten, weiterzuziehen und ein Abenteuer suchen.

Wir gehen und ich halte ganz selbstbewusst wieder meinen Daumen in den Gegenverkehr. Wir brauchen nicht lange auf eine passende Mitfahrgelegenheit warten. Am späten Abend und drei Autofahrer weiter sind wir in einer recht coolen Disco gelandet, die bis vier Uhr morgens geöffnet hat.

Wir lassen es krachen bis zur Sperrstunde, die erste und letzte dieser Art. Bevor die Bude zumacht, betreten zwei zivile Beamte die Disco und verhaften uns, der Traum vom verbotenen Abenteuer ist zu Ende. Immerhin sind wir bis dorthin bereits drei Monate untergetaucht. Mit Gabi haben wir für den Ernstfall trainiert und nach einer Einvernahme geht es für uns beide zurück in das Kloster. Natürlich werden wir telefonisch angemeldet, da sah ich Gabi leider das letzte Mal.

Sie kommt in eine andere Wohngruppe und ich vorerst mal zur Oberin auf ein Informationsgespräch.

Die Stimmung und die Laune von dem hageren Pinguin befinden sich im Keller. Kein Wunder – bei so viel Ungehorsam! Und meine Wenigkeit ist für sie nur unnötiger Zeitaufwand und doch möchte sie einiges von mir erfahren. Aber ich bin nicht auskunftsfreudig und das teile ich ihr auch genau so mit und so kommt es, dass ich eine besondere Strafe bekomme. Mir wird vorgehalten, Mädchen schlecht zu beeinflussen, denn Gabi sei ja bis zu meiner Ankunft immer unauffällig gewesen. Weiters will man unbedingt wissen, wo wir uns bis gestern aufgehalten haben.

So teilt sie mir sachlich weiter mit, dass ich für mindestens eine Woche in die stille Kammer komme. Und danach werde man sehen, wie es mit mir weitergeht. Sie möchte mich aber nicht mehr in ihrem Kloster haben und deshalb werden hier, natürlich ohne mich, weitere Entscheidungen über mein Leben getroffen.

Auch ich darf bis zum Frühstück in die Enziangruppe zurück, aber es darf dort kein Mädchen mit mir sprechen. Wer es doch wagt, riskiert auch eine Züchtigung und das möchte ich den

Mädels ohnehin ersparen. Das bedeutet für mich, dass ich mich auf meinen vier mal vier Meter Lebensraum konzentriere. Wie gesagt, Langeweile kommt in meinem Wortschatz nicht vor, ich habe ja meine Fantasie und die trägt mich, wohin ich das möchte. Das kann man glauben oder auch nicht, ich kann Ihnen nur sagen: Üben Sie es und Sie werden sich wundern!

Zu den Essenszeiten darf ich mich wortlos dazugesellen und danach werde ich von einer Nonne in den dritten Stock des Gebäudes gebracht.

Dort finde ich wieder eine Nonne vor, die ruhig die Sachen für mich auf einem großen Handarbeitstisch vorbereitet. Wie die kommende Woche für mich aussehen würde, erklärt mir diese Nonne sachlich und betont unfreundlich. Ich sollte sticken, täglich um die acht Stunden, und es wird mit mir nicht gesprochen. Das Muster sowie die Farben sind vorgegeben und mit Kreide eingezeichnet. Das Kreuzstichmuster sollte rechtsbündig verlaufen. Sollte ich aber wahre Reue zeigen, würde man mir diese Art der Bestrafung erlassen. Am Abend nach getaner Arbeit darf ich, natürlich nur in Begleitung, wieder in die Gruppe zurück. Ich sticke langsam vor mich hin und beobachte meine Aufpasserin sicherlich öfter als sie mich. Ab und an mache ich dann wieder einen Fehler oder nehme bewusst eine andere Farbe und schau mal, was sie macht bei der nächsten Kontrolle. Es ist aber nicht so, dass sie nur zusieht, sie ist auch fleißig am Arbeiten mit diversen Zuschnitten und Einnäharbeiten. Für mich ist ja klar, dass ich den Ort nicht verraten werde, wo wir waren. Scheinbar hat man den Fokus des Verhörs auf mich gelegt. So hoffe ich aufrichtig, dass sie Gabi in der Ruhe lassen. In einem hatte man aber recht, Gabi wäre alleine nie weggelaufen, das entspricht der Wahrheit. Die Woche geht auch vorüber und mehr als ein Kopfschütteln und abschätzige Blicke hat man für mich hier nicht mehr übrig!

Von einer netten Geste oder einem netten Wort sind wir gegenseitig wohl meilenweit entfernt. Das war die angedrohte Methode, die mir zeigte, wie hilflos überfordert man mit einem Mädchen ist. Ich muss wieder zur Oberin und in knappen Worten wird mir Folgendes mitgeteilt. Ich hatte ja drei Monate eine Bleibe und einige Wochen davon sogar gutes Geld verdient, was mir den ganzen Spaß erst ermöglichte. Und obwohl alle bemüht um mich sind, geht es hier nur darum, wo und bei wem ich untergetaucht war. Dazu bin ich nicht bereit und bei Gott, ich habe keinen Schimmer, was Gabi denen erzählt, aber die Wahrheit sicherlich nicht. Niemand soll Probleme kriegen wegen uns, das wurde eindringlich und immer wieder beschworen.

Am Montag würde ich wieder von meinem Sozialarbeiter abgeholt und in ein neues Kloster in einem anderen Bundesland gebracht. Man nimmt an, dass es das Beste für mich sei, ich finde das gar nicht so tragisch.

Mittlerweile habe auch ich verstanden, dass es ein Zurück zu meiner Oma nicht mehr geben wird. Hoffentlich ist bald Montag, denn ich bin bereit und ein anderes Bundesland bedeutet nicht, dass ich mich nicht mehr fortbewegen kann. Solange noch Autos über die Straßen rollen, finde ich immer eine passende Mitfahrgelegenheit.

Zum Abschied verlasse ich das Kloster ohne auch nur einen Blick in Richtung Nonnen, den Mädchen wünsche ich alles Gute. Mein Betreuer, der ja beschädigter aussieht als sein alter VW, ist diesmal um bessere Stimmung bemüht und hat selber auch bessere Laune. Er fängt, nachdem ich meine Taschen wieder in seinen Kofferraum verstaute, sogar ein Gespräch mit mir an. Ich bevorzuge den Blick durch das Fenster und denke mir, endlich weg von hier!

Er erzählt mir von dem neuen Kloster, aber ich bin so in meine Gedanken vertieft, dass ich wohl nur das Wichtigste für mich heraushörte. Dort wird es mir besser gehen, ich werde individuell betreut und man wird mich angeblich richtig fördern und es gibt mehr Ausbildungsrichtungen.

Für mich total interessant, wie andere Leute, die mich nicht mal kennen oder mit mir gesprochen haben, automatisch wissen wollen, wo es mir besser gehe!

Ist schon ein wenig witzig, finden Sie nicht auch? Machen Sie mal eine Therapie ohne persönliche Sitzungen und Gespräche, ja, genau, per Internet!

Aber warum sich vor etwas fürchten, was ich nicht kenne, es ist ein Kloster und viel anders als das vorherige Kloster kann es wohl nicht sein, die Gebete bleiben ja wohl dieselben. Immerhin gehört es zum selben Orden der Franziskaner, der guten Hirtinnen.

Mehrere Stunden Autobahnkilometer liegen vor uns und ich möcht meinen Sozi nicht unnötig belasten. Wir können beide nur hoffen, dass sein Auto uns noch dorthin bringt, es wäre ja lästig, wenn der alte Krempel verreckte!

Für mich wäre das cool, nur er möchte das so schnell wie nur möglich über die Bühne bringen. Und diesmal gibt er sich wirklich Mühe, ich gewinne sogar den Eindruck, dass ich ihm leidtue.

Er erzählt mir von seiner Familie und beim Vorübersausen der Landschaft und netten Einfamilienhäuser höre ich ihm halt zu. Wir müssen tanken und er sieht mich eindringlich an und bittet mich doch tatsächlich, nicht abzuhauen.

Er versperrt das Auto nicht und ich warte brav, bis er wiederkommt. Es widerspricht seinen Anschauungen, mich in sein Auto einzusperren, das finde ich echt berührend.

Ich möchte mich neu orientieren, vielleicht ist es doch möglich, dass ich dort, wo ich jetzt hinkomme, Fuß fassen kann. Mir ist klar, dass ich nicht andauernd wegrennen kann. Also werde ich mir das Gebäude, die Nonnen und die neuen Mädchen ansehen, mal beobachten und abwarten.

Der Sozi meint ja, dass es für mich viel besser werden könne, wenn ich mich bemühe und endlich guten Willen zeige. Er seinerseits fragte mich nicht mal, wo wir gewesen seien, wahrscheinlich weiß er, dass ich ihm eine richtig nette Geschichte erzählt hätte.

So blöd, wie er aussieht, ist er auf alle Fälle nicht, das steht fest. Hier täuscht die Optik. Ein hagerer, vollbärtiger, ungepflegter, wenig elegant gekleideter, unsportlicher Mann im Mittelalter, der zu allem Übel auch noch von seiner Frau eingekleidet wird. Also hoffentlich nicht ansteckend – so wenig Modegeschmack.

Wir kommen irgendwann runter von der Autobahn und fahren dann auf der Bundesstraße durch zwei, drei Orte. Hier ist die Gegend geprägt von Flüssen und Hügeln. Mir fehlen meine hohen Berge und allem voran abermals die Orientierung. Nun taucht dieses Monster von Gebäude vor mir auf und ich bin schon vom Anblick geschockt. Ja, das ist jetzt eine Anstalt, so stelle ich mir einen Jugendknast vor. Der ganze Ort besteht ausschließlich nur aus Kloster und einem Gasthaus, direkt gegenüberliegend. Vergleichbar mit dem Riesen und einem beeinträchtigten Zwerg. Klar, rundherum nur Mauern und ein Stalltor, braun, riesig und elektrisch versperrt. Daneben noch ein kleineres Tor, aber ebenfalls elektronisch überwacht und versperrt. Hier ist also alles überwacht und verriegelt bis zum kleinsten Schloss, mit einem Gefängnis vergleichbar.

Durch das Kloster, das ja über eine eigene Gärtnerei, Großküche, Wäscherei und drei Ausbildungswerkstätten verfügt, fließt auch ein kleiner Bach.

Am Nachmittag ist unsere Ankunft und der Sozi steigt aus und meldet uns bei der Pforte an. Unser Anliegen wird weitergeleitet, das große Tor wird geöffnet und wir fahren langsam hinein. Eine Einfahrt mit genügend Parkplätzen und ein wuchtiger Vierkant-Innenhof. Begleitet von einer freundlichen, jungen Nonne werden wir durch zwei Gänge in ein Büro gebracht. Hier warten wir im Vorraum, bis die Oberin für uns bereit ist.

Zwischenzeitig habe ich meine Fassung wieder erlangt und bin nun erneut wachsam und neugierig. Betrübt und sichtlich beeindruckt von der Örtlichkeit hocke ich auf meinem Koffer und warte. In meiner Gegenwart ist es schwer, etwas zu verstecken, meine Sinne sind geschärft. Die Tür öffnet sich, eine mittelgroße, rothaarige, nicht zu dicke und nicht zu dünne Nonne steht direkt vor mir.

Sie stellt sich mit klarer, aber nicht zu lauter Stimme mit ihrem Namen vor als Oberin dieses Kloster.

Weiter erklärt sie mir, dass sie bemüht sei um jedes einzelne Kind, das hier lebe. Dabei sei vollkommen unwichtig, ob beeinträchtigt oder nur verhaltensauffällig wie ich.

Und jetzt wird es für mich interessant. Sie sagt mir, dass sie sich mit meinem Akt sehr genau auseinandergesetzt habe. Ich dachte mir, gut so, dass sich jemand doch mal die Mühe machte. Sie war ja wohl die Einzige bis jetzt.

Im Kloster werden auch Behinderte betreut, das heißt, die leben so wie wir auch in einer Wohngruppe, aber im Erdgeschoss. Schwester Henrika verspricht mir Folgendes, sollte ich nun endlich guten Willen zeigen. Das bedeutet, man wird von mir auch eine Leistung einfordern, einen Schulabschluss der neunten Schulstufe.

Sei ich dazu fähig und bereit, werde sie sich persönlich für mich einsetzen. Dieses Gespräch ist für mich eine winzige Hoffnung, dass ich mich vielleicht doch noch rehabilitieren könne.

Die Formalitäten sind bald erledigt und mein Sozi kann sich von mir auf Nicht-mehr-Wiedersehen verabschieden. Er wünscht mir Glück und geht freundlich, aber schnellen Schrittes allein zur Pforte zurück.

Sie geleitet mich persönlich in meine neue Wohngruppe, die in einem angrenzenden Gebäude liegt.

Das ist ein Zubau, denn man sieht eine moderne Architektur, und ich komme in den zweiten Stock. Die Wohngruppen sind hier mit großen Glastüren auch am Tag versperrt, nur über die Sprechanlage wird man hineingelassen. Wir betreten die Gruppe und auf der linken Seite befindet sich der Gemeinschaftsraum. Er ist abermals der größte Raum in der Gruppe, gefolgt von der Küche, direkt gegenüberliegend. Im Vorraum steht ein Aquarium mit Fischen, der ganze Stolz meiner neuen Gruppenmutter. Dann ein langer Gang, gerade verlaufend bis zum Ende, wo ein Balkon ist mit verriegelter Tür. Links und rechts sind hier Einbettzimmer, Zweibettzimmer und maximal Dreibettzimmer, in eines davon komme ich.

Ganz hinten links liegt mein Zimmer, uns gegenüber ist das Bad mit den Toiletten. Die Fenster von unserem Zimmer zeigen hinüber zum Haupteingang, zur Volksschule und zur Kirche. Neben der Kirche befindet sich auch der Wohnbereich der Nonnen, den man auch hier Klausur nennt. Diesen Bereich dürfen wir nicht betreten, nur nach Anweisung. Unser Dreibettzimmer wird nur von Monika und mir bewohnt und sie ist im Vergleich zu mir auffällig still. Eigentlich dachte ich, dass sie sich bestimmt noch ändere, aber damit sollte ich mich wohl täuschen.

Mein Bett steht gleich nach der Tür und mein Kasten liegt mir direkt gegenüber. Neben dem Bett ein Nachtkasten und unter dem Bett eine Lade für das Bettzeug, alles aus eher dunklem Vollholz. Die drei Schreibtische befinden sich unter den versperrten Fenstern. Ja, die sind hier nicht mit Gittern abgesichert, sondern mit Schloss und Riegel. Die Fenster werden nur geöffnet von der Erzieherin zum Reinigen, sonst können wir sie nur kippen. Unser Zimmer hat für mich die beste Lage und bietet mir interessante Einblicke.

Damit meine ich, was um mich herum geschieht, kann ich großteils von hier beobachten, ohne Fragen zu stellen. Der Fensterplatz und mein Schreibtisch wird, so kann ich das sagen, mein Lieblingsaufenthaltsplatz.

Hier bin ich nicht nur von der Art der Nonnen angenehm überrascht, wirklich beeindruckt bin ich von der Bibliothek und dem Schwimmbad.

Ja, im Nebengebäude, unten im Erdgeschoss, gibt es ein Schwimmbad mit Sportbecken und – was noch geiler ist – wir können jeden Tag hingehen.

Es ist ein Mädchen bei mir in der Gruppe, die auch von ihren Eltern entsorgt wurde, sie war aber Leistungsschwimmerin und mit ihr bin ich täglich in diesem Hallenbad.

Nur wir beide, eine Bahn nach der anderen, und ich bekomme wertvolle Tipps, die ich gerne annehme. Mit vier Mädchen aus der Gruppe bin ich gleich befreundet. Es passiert, dass wir ab und an so lachen, dass uns am kommenden Tag die Bauchmuskeln schmerzen.

Meine neue Gruppenmutter ist nicht so streng wie die in meiner Heimat, auch das ist für mich sehr wertvoll. Überhaupt versucht sie, mich in Ruhe zu lassen.

Ich habe mich nur an den Tagesablauf zu halten und in die Gemeinschaft einzufügen, das genügt vorerst. Wichtig ist für mich, dass ich meine Freizeit gestalten kann, wie ich will, und dass man keinen Kontakt zu mir sucht. Sollte ich was wissen wollen, werde ich mich schon erkundigen, der deutschen Sprache bin ich ja mächtig.

Ich bin in einem Alter, da nerven die alten, gar so klugen Erwachsenen bei jeder Berührung und Unterhaltung.

Die blödeste allgemeine Redewendung, wenn Sie mich fragen, ist: Ja, sag schon, wie geht es dir denn? Im Grunde sieht das ganz anders gemeint aus. Der etwas fragt, möchte nur höflich rüberkommen, hat aber keine Zeit, sich das jetzt auch noch anzuhören. Ja, und wie geht es einem jungen Mädchen, das eventuell traumatisiert in einer Anstalt für verhaltensauffällige Jugendliche untergebracht ist? Das kann sich jeder, der über Menschenkenntnis verfügt, gerne selbst beantworten!

Somit haben wir wieder eine gute Stimmung für ein sicherlich konstruktives Gespräch. Es gibt hier zwei Nonnen, zu denen ich eine gute Verbindung habe. Die eine ist die Oberin, denn sie ist immer superfreundlich und kennt das Wort Zorn nicht.

Hier lerne ich die Formel der Herzensgüte, die ich Ihnen vermitteln möchte. Die Fähigkeit der Herzensgüte trägt die Zahl 1. Alle anderen Begabungen und Fähigkeiten tragen die Zahl 0. Nur wenn Sie Herzensbildung besitzen, potenziert sich ihr Wert, was wie folgt aussieht. Ich besitze die Fähigkeit zur Herzensgüte, so habe ich die 1 vor der Klugheit, der Schönheit, der Fröhlichkeit und daraus ergibt sich jene Zahl. 1 plus 0 = 10. Hier lerne ich, dass jeder in dem Haus wohnt, wie er denkt und fühlt. Bei ihr erkennt man, dass sie eine Meisterin in Empathie (die Gabe, sich in Mitmenschen hineinzuversetzen) ist. Ihre Augen lächeln immer mit und wie gesagt, richtig böse kann sie nicht werden.

Bei uns in der Gruppe gibt es ein 16-jähriges Mädchen, das in wenigen Wochen ein Baby bekommt. Von der Oberin hörte ich nie eine dumme, abfällige Bemerkung, da waren die anderen Nonnen schon etwas unverschämter und direkter.

Dieses Mädchen bekam auch ein Mädchen und wir fanden es gut so, dass sie schon für ein Kind bereit war. Nach der Entbindung wurde nur noch ihr Zimmer von der Erzieherin geräumt und wir sahen sie nie mehr. Angeblich lebte sie nun mit dem Kindesvater zusammen. Wir hatten viel darüber gesprochen und nicht alle waren gleicher Meinung mit mir. Ich glaube schon, dass man uns diesbezüglich nicht belogen hatte.

Obwohl auch hier der Tag streng verplant ist, bleibt trotz Schule und Lourdes um 16 Uhr noch einige Freizeit übrig.

Ich möchte nun meine neunte Schulstufe endlich mit Erfolg beenden. Die Tatsache, dass es hier nur gesammelten Sonderschulunterricht gibt, stört mich. Der Unterricht selber hat auch eher was für Beeinträchtigte, ich bin damit klar unterfordert. Unmöglich! Keine Aufgaben, die mich etwas mehr ablenken, und immer wieder das Gleiche.

Meine neue Gruppenmutter kommt dahinter, dass ich nicht alle drei nötigen heiligen Sakramente mitgebracht habe. Ich sollte als Christin getauft sein, die Kommunion sowie die Firmung erhalten haben.

Jetzt stellt sich aber heraus, dass die guten Hirtinnen ein wahrlich schwarzes Schaf beherbergen – auch das noch! Meine Wenigkeit ist das. Nun wird aber in himmlischer Eile sofort alles in die Wege geleitet, was zu einer Firmung benötigt wird.

Meine Firmpatin wird meine Gruppenmutter Schwester Reinhilde. Ich will gar nicht wissen, ob ich da eine Wahlmöglichkeit hätte. Ich befasse mich viele Stunden mit meinen Büchern aus der Schule, mit Homer und griechischer Geschichte.

Wir nehmen alle Rücksicht auf den anderen. Obwohl wir nicht alle dicke Freundinnen sind, ist diese Gemeinschaft sehr stark und absolut loyal.

Vielleicht prägen uns die Nonnen mit ihrem Benehmen, keine Ahnung, und obwohl wir nicht unterschiedlicher sein könnten, stehen wir geschlossen zueinander!

Kleinere Streitereien stehen auch am Programm und das immer wieder, wenn es am Wochenende um den Discoabend geht oder den Menüplan.

Unter der Woche bekommen wir das Essen aus der Küche. Am Samstag und Sonntag sind wir aber uns selbst überlassen. Und am Freitag wird auch der Einkauf von einem Mädchen unserer Gruppe geplant und dann ausgeführt mithilfe der Erzieherin. Dabei sollten von uns allen die Wünsche berücksichtigt werden.

Nicht einfach und mit mir eine Herausforderung, echt sehr heikel, ich bin sehr individuell und habe hier immer Hunger. Und ich habe einen Tick, wenn man das so sagen kann, ich koste keine Gerichte, die ich nicht kenne.

Warum das so ist, weiß ich selbst nicht, aber ich hasse das. Dafür nehme ich auch in Kauf, mal ein Wochenende zu fasten.

Die Tatsache, dass ich aber auch hier für das Essenholen zuständig bin, erleichtert mir deutlich das Besorgen von Lebensmitteln. Zum einen ist es so, dass die Beeinträchtigten unter uns viel mehr Nachspeisen bekommen als wir. Was mich wiederum dazu verleitet, meinen Pudding versteckt schnell mit dem Zeigefinger in mich reinzuschieben.

Und in der Klausur, wo ich immer wieder was abzuholen habe, steht immer Essbares in Mengen bereit. Da nehme ich mir auch mit, was in meine Säcke passt, und mache mich wieder dünn. Ich lege mir so einen Obstvorrat in meiner Bettzeuglade an. Wir stehen hier nicht unter Beobachtung, weil wir einfach viel zu gut eingesperrt sind!

Die Erzieherinnen verzichten auf den Kontakt zu Zöglingen wie mir, das habe ich bald durchschaut. Unsere Gruppenleiterin gibt mir noch folgende Zusatzaufgabe.

Ab sofort bin ich für die Fürbitten am Sonntag zuständig. Als ob ich nicht genug zu machen hätte, werde ich auch noch mit Tageszeitungen zum Lesen versorgt.

Die gesamte Kirchengemeinschaft, die Gläubigen, die Nonnen und die Heuchler, alle beten hier diese Fürbitten mit mir! Ich spreche, stehend im schönsten Kirchengewand, mit lauter, klarer, dritter Stimme meine Fürbitten am Podest in das Megafon.

Ich persönlich bete aber nicht nur für die Armen und Notleidenden unserer Welt, nein, auch ich bin ein Egoist, denn ich hoffe, dass mein Gebet, das ich ehrlich bete, auch erhört wird!

Ja, ich beginne zu hoffen, dass es doch möglich sein werde, wieder heimzukommen. Ich bin ganz schön eingespannt, jetzt kommt noch der Firmunterricht dazu und der Termin ist auch schon geklärt.

Dieser Tag wird für mich mit christlicher Hingabe total durchorganisiert. Wir werden mit einem Reisebus fahren, der uns zu einer abgelegenen Bergkirche bringt. Danach ist ein Mittagessen auswärts geplant mit späterer Rückkehr in das Kloster. So weit, so gut, alles super bis auf die Garderobe. Also echt, ich bekomme – die Krise!

Ich werde ein bodenlanges, altrosa Kleid tragen mit Gürtel und aus sehr feinem Garn dazu eierschalenweiße Gesundheitsschuhe. Die sehen so aus: Die Absätze sind unförmig, klobig und das Leder durchlöchert und die Schnürung verläuft über das ganze Bein. Und zur Krönung haben sie an den Vorderseiten auch noch Rundungen. Also für mich kommt das einer Beinamputation gleich. So kann ich, auch wenn ich möchte, nirgends hin, denn in diesem Aufzug nimmt mich keiner mit. Was mich dazu bewegt, auch alle Gedanken an eine eventuelle Fluchtmöglichkeit gleich wieder zu begraben.

Bevor ich bereit bin für das heilige Sakrament der Firmung, muss ich aber noch zum Zahnarzt, mich quält ein Backenzahn. Hier ist das so, dass der Dentist kommt, die notwendigen Räumlichkeiten sind vorhanden. Auch hier ist immer reger Verkehr, manche gehen gern hin. Ich selbst gehöre zu denen, die es über sich ergehen lassen.

Es wird mir mein Zahn gerichtet und ich kann sagen, ich bin angenehm überrascht. Echt gute Arbeit! Es ist Samstag und wir sind alle fein rausgeputzt. Die Gruppenmutter überreicht mir feierlich mein Firmgeschenk und ja, sie lächelt mich tatsächlich fröhlich an.

Eine Schmuckschachtel mit Silberschmuck, nur für mich gefertigt. Darin befindet sich ein Armband mit drei Anhängern. Die Hoffnung in der Form eines Ankers, das Herz als Symbol der Liebe sowie das Kreuz als Sinnbild des Glaubens!

Dazu habe ich noch die gleiche Halskette und natürlich die passenden Ohrringe und ich lege mir den Schmuck um.

Als ich mich im Spiegel betrachte, muss nicht nur ich lachen. Auch meine inzwischen besten Freundinnen trauen ihren Augen nicht. So viel Scheinheiligkeit in einer Person, echt wunderlich, aber bitte, ich werde mich dem Willen meiner selbst ernannten Firmpatin unterwerfen.

Alles andere wäre jetzt nicht diplomatisch, denn ich bin mir ziemlich sicher, dass sie mit dieser Firmung mehr Spaß hat als ich! Schwester Reinhilde meint, ich hätte mich gewandelt in ein unscheinbares, schönes, flauschiges, weißes Schäfchen! Erzieherinnen kommen keine mit, aber von uns sechs Nonnen.

Der Bus ist da. Wir fahren kurz aus dem Ort und von der Bundesstraße zügig auf die Autobahn. Unter der Fahrt wird geprobt, ein Kanon nach dem anderen, ein Kirchenlied jagt das nächste.

Die guten Hirtinnen wollen beeindrucken, nicht nur mit meiner Firmung, auch mit dem Gesang. Der Fahrer ist bereits streichfähig und froh, dass wir endlich aussteigen und uns zu Fuß weiter auf den Weg machen.

Den Berg hinauf im flotten Schritt sind wir nach kurzer Anstrengung aber auch schon vor Ort.

Immer wieder bin ich verwundert, wie sich Menschen mit so viel bodenlanger, schwerer Bekleidung so schnell bergauf bewegen können. Nicht alle unsere Mädchen sind so flott wie die Nonnen.

Was mir heute an mir gefällt, ist meine Frisur, die ist nämlich aus der Neuzeit und ich selbst mit meinem Kostüm aus dem späten Mittelalter.

Mein Spiegelbild ist echt sonderlich und viel zu bieder komme ich rüber. Das passt nur so lange – ich den Mund halte!

Es gibt im Anschluss zu der Firmung ein Festessen und auf das freue ich mich nun wirklich. Nach einer Viertelstunde sind wir fünf Minuten vor dem Termin mit dem Pfarrer vor der Kirche. Hier werden wir schon freudig und ausfallend nett begrüßt.

Es dauert nicht lange, bis man bemerkt, dass die Nonnen und der Geistliche miteinander vertraut sind. Unsere Oberin schwingt ihre Stimmgabel und wir beginnen mit einem Kanon mit dem Titel „Wo man singt, da lass dich ruhig nieder, böse Menschen kennen keine Lieder!" In geordneter Zweierreihe gehen wir in die Kirche. Vorne in der ersten Reihe ist mein Platz neben meiner Firmpatin Schwester Reinhilde, auf der anderen Seite die Oberin und alle außer mir sind voll bei der Sache.

Die Ministranten, konzentriert und eifrig, wagen kaum, uns genauer anzusehen, zu viele böse Mädchen auf einem Haufen. Der Pfarrer, seinerseits mittleren Alters, beginnt nach unseren Liedern, dem Vaterunser und Geheiligt seist du Maria mit einer schönen Rede für mich bezüglich des heiligen Sakraments der Firmung.

Denn hier geht es nun ausschließlich um mich und ich müsste lügen, wenn ich nun behaupten würde, es gefalle mir nicht. Ich bin von der ganzen Kulisse schwer beeindruckt. Die kleine Kirche mit ihrer kleinen Kapelle in dieser malerischen Gegend – also das hat schon Wirkung auf mich.

Oder bin ich doch gläubig geworden? Keine Ahnung. Auch ich bete eifrig und inbrünstig mit. Für einen kurzen, magischen Augenblick könnte ich schwören, dass auch mich ein Heiligenschein umgibt. Nachdem ich als Firmling als Erste nach der Beichte das heilige Brot erhalte und andächtig meine Kerze brennt, hege ich nur einen Herzenswunsch.

Ich brauche Ihnen nicht mitteilen, was ich mir wünschte, Sie wissen es bereits! Zur Krönung singen wir laut und klar. Den Liedtext singe ich allein und den Refrain alle zusammen. In diesem Augenblick bin auch ich überzeugt, dass es den Schöpfer geben müsse.

Ich singe folgenden Text: „Singet dem Herrn ein neues Lied, singet dem Herrn in allen Landen, erzähl von seiner Herrlichkeit, von seinen Wundertaten unter uns Völkern alle." Gemeinsam singen wir dann: „Ich weiß, dass mein Erlöser lebt!" Für einen Augenblick bin ich gläubig und beinahe vom Heiligen Geist berührt! Oder ist das jetzt eine ungeahnte Nebenwirkung wie beim Medikamentenmissbrauch? Egal, was es ist und ich mir so ausdenke, meine Firmpatin ist heute das erste Mal seit meiner Bekanntschaft so richtig zufrieden. Und scheinbar auch von meiner gesanglichen Leistung schwer beeindruckt.

Schließlich ist die Feierlichkeit beendet und wir gehen wieder schnellen Schrittes zurück zu unserem Bus, der ja den ganzen Tag für uns gebucht ist.

Endlich geht es zum lang ersehnten Festmahl für mich! Ich und meine Mädels wollen mal endlich ordentlich essen, und zwar etwas mehr als sonst, wenn ich bitten darf!

Ich für mich werde etwas vom Grill bestellen und danach einen leckeren Nachtisch. Genau so bestelle ich auch als Erste meinen Grillteller mit drei unterschiedlichen Fleischsorten, dazu einen großen, gemischten Salat, das dürfte für das erste Mal ausreichen. Sabine möchte ihren Kaiserschmarren und Birgit kommt mit gewöhnlichen Spaghetti aus. Und wir möchten fast alle Cola und Fanta dazu. Unsere Pinguine konzentrieren sich eher auf die kleinen Vorspeisen auf der Karte.

Von denen kann man erwarten, dass sie auch bei einer Feierlichkeit sparen möchten. Eine Lektion für ein friedliches Beisammenleben mit Nonnen heißt Bescheidenheit. Diese Bevölkerungsminderheit kann man nicht einordnen oder einschätzen, davor rate ich Ihnen dringend ab.

Wo ich aber schon erstaunt bin: Wir sind am Bestellen, da kratzt auch der Pfarrer mit seinem alten Auto um die Kurve. Und so hören wir, dass Eure Heiligkeit, oder besser gesagt Scheinheiligkeit, auch eingeladen wurde.

Das ist auch in Ordnung, so sind die Heiligen miteinander ganz gut beschäftigt und man bemerkt an der Schnelligkeit ihrer Wortfolge, dass es wichtig sein muss, wenn die Zeit so knapp ist.

Ein Pfarrer hat auf Nonnen eine magische Anziehungskraft, wir sind nun nicht mehr so von Bedeutung. Auch im Klosterleben ist das so, am Sonntag oder einem Feiertag gilt der absolute Ausnahmezustand.

Und es wird säuberst geputzt und dekoriert mit dem schönsten Blumenschmuck, dazu wird natürlich die Kleidung angepasst. Eben wie heute, nur dass wir in einer anderen Umgebung feiern, wo wir selbst keine Vorbereitungen (Arbeit) haben, einfach herrlich!

Wir fressen, was das Zeug hält, und lachen viel, teilweise über mich und manchmal über unsere schrägen Vögel, die ja mit am Tisch sitzen. Süßigkeiten haben nur wir Mädchen und der Pfarrer bestellt, die Nonnen sind angeblich satt. Ich habe heute nichts mehr vor, denn einen Kurzurlaub kann ich in diesem Aufzug eher nicht riskieren.

Weiter ist es so, dass ich meinen Freundinnen auch keinen Stress machen will, denn so eine unerwartete Aktion von mir wäre für alle eine Katastrophe!

Nach dem Essen und ohne anschließenden Verdauungsspaziergang geht die Fahrt wieder zurück in unser gemeinsames Gefängnis.

Nun ist es doch ein wenig traurig für mich. Ich wollte eigentlich schauen, ob ich an einer Telefonzelle kurz meine Oma anrufen kann. Daraus wird nichts und ich bin beinahe froh, als ich wieder in mein Dreibettzimmer lande. Das einzig Gute daran war, ich bin vollgefüllt wie ein alter Kohlensack und kann mein altrosa Kleid endlich ausziehen.

Dieses Kleid solle ich auch bei den heiligen Messen am Sonntag tragen, meinte meine Firmpatin freudestrahlend! Den Schmuck, den ich den ganzen Tag getragen habe, lege ich in meinem Nachtkästchen beiseite. Ich gehe ins Bad unter die Dusche und nach einem kurzen Gespräch im Gruppenraum, wo wir uns jeden Abend verabschieden, ohne Abzweigungen direkt in mein Bett.

Eine kleine Oase, wo man mit Sicherheit nur gestört wird, wenn es brennt. Keine Ahnung, ob man uns die Fenster aufsperren würde, damit beschäftige ich mich lieber nicht.

Die Tatsache, dass ich wieder hinter Gitter bin, stimmt mich nachdenklich und wehmütig. Ich bezweifle, dass ich durchhalte, was ich zugesagt und versprochen habe! Es ist nicht immer einfach für mich, hier zu sein und einen strengen Tagesplan zu erfüllen.

Wir sollten im Sesselkreis offen über Ängste und Sorgen sprechen, die uns beschäftigen, und danach ergibt sich ein Gespräch in der Gruppe. Diese Form der öffentlichen Therapie ist für mich nicht geeignet.

Weil ich nicht allen, die mich hier umgeben, auch automatisch vertraue. Und so enttäuscht, wie ich von Erwachsenen bin, ist es kaum möglich, wieder Vertrauen zu gewinnen. Und es waren immer die großen Menschen, die mich enttäuschten! Die Fragen, die da also immer wieder gestellt werden, beantworte ich kategorisch nicht. Und mit der Zeit werde ich auch nicht mehr darauf angesprochen.

Dafür und für vieles andere geht mir langsam die Luft aus, mich plagt das Heimweh. Inzwischen ist es so stark, dass es mich immer wieder überrollt und mich nicht mehr loslässt. Wir alle sind schulisch auf Erfolgskurs und unsere Gruppenmutter wird nicht müde, das bei jeder Gelegenheit zu erwähnen.

So, dass es die anderen Wohngruppen schon zu nerven beginnt. Aber sie ist mit Herz und Kopf eben eine Direktorin der höheren Schule vor Ort und die Bildung ist für sie wie für uns die Luft zum Atmen.

Ich lege in der letzten Schulwoche eine Prüfung außerhalb des Klosters an einer öffentlichen Schule ab. So beende ich erfolgreich wie abgesprochen mein neuntes Schuljahr mit nur einer Drei in Turnen. Ich schummle meist beim Turnunterricht und rede mich auf die Frauenkrankheit aus, so habe ich wieder fünfzig Minuten Pause für mich reserviert.

Nun ist für mich das eine erledigt, was ich versprochen habe. Ich würde nun gerne eine höhere Schule besuchen. Die Haushaltungsschule hier im Kloster wird mit einer dreijährigen und vierjährigen angeboten, eine davon mit Matura. Dann wäre da noch die Ausbildung zur Köchin sowie zur Schneiderin möglich. Beides würde ich in den Ferien mal ausprobieren, so bestimmte meine Gruppenmutter.

Die Oberin aber verspricht mir, sich für mich einzusetzen und persönlich Gespräche mit dem Jugendamt und mit meiner Familie in Kärnten zu führen. Sie besitzt mein Vertrauen, und obwohl ich nicht bei diesen Telefonaten anwesend bin, weiß ich, dass es sie gab. Als Jugendliche wird man schnell misstrauisch, wenn man schon so angelogen wurde wie ich.

Es dauert nicht lange und mein erster Besucher kündigt sich an. Mein Stiefvater ist als Erster da und ich habe vielleicht eine Freude! Es sind schon wieder Monate vergangen, seit ich ihn das letzte Mal sehen durfte. Er ist wie immer gut gekleidet, immer charmant, und klar, meine Mädchen und die Nonnen sind entzückt. Benehmen ist für ihn eine Tugend und Freundlichkeit eine Pflicht, da könnten einige Nonnen sich was abschauen. Er bleibt bei uns zum Mittagessen und den ganzen Nachmittag und ich erfahre endlich, wie es meiner Oma so geht. Der Krebs, der sie schon seit Jahren plagt, ist schlimmer geworden, und ja, sie ist traurig, weil ich weg bin. Früher konnte ich sie nach ihrer Therapie beschäftigen und sie zum Lachen bringen und ausgiebig kuscheln.

Auch mein Stiefvater betont bei jeder Gelegenheit, dass es kein Problem wäre, mich wieder bei sich aufzunehmen, und doch vernünftiger wäre, dass ich eine weiterführende Schule besuchen könne, die mich interessiere und meinen Fähigkeiten entspreche. Der Nachmittag war für mich wichtig und wertvoll, doch er brachte keine Veränderungen – obwohl ich so darauf hoffte! Aber ich erfahre endlich, was meine alkoholkranke Mutter mit meinem Bruder machte. Der kam nach Deutschland in ein Mönchskloster am Stadtrand einer Großstadt.

Meiner Mutter wurde ja die Lenkerberechtigung wegen eines Suizidversuchs auf Lebzeiten entzogen. Für mich echt interessant: Sie hat aber weiterhin das alleinige Sorgerecht für uns beide. Also was man mit seinen eigenen Kindern macht, ist reine Privatsache. Für mich verabschiedet sich mein alleiniger Papa und ich darf ihn noch bis zur Pforte begleiten.

Danach gehe ich betrübt und alleine in die Gruppe zurück, wo meine Freundinnen neugierig und gespannt auf mich warten. Und nun ist Konferenz in einem Zimmer von uns Mädchen, meist aber bei Birgit, hier ist die geringste Abhörgefahr.

Besucher meinen vielleicht, dass sie hier unbeobachtet ein und aus gehen, aber genau das Gegenteil ist der Fall. Die Nasen kleben förmlich an den Fensterscheiben, wenn man das Glück hat, dass das Zimmer in die Richtung zum Hauptgebäude zeigt. Wie bei mir, das ist beinahe besser als der Fernseher im Gruppenraum. Wer wohin zu Besuch kommt und geht – ich kenne den Tagesablauf unserer Nonnen sehr genau. Die Tatsache, dass ich gut beobachte, verschafft mir auch ungeahnte Ideen, so ist das eben.

Einmal denke ich mir einen Bewässerungsstreich aus, aber nicht für die Blumen, sondern für unsere gläubigen Nonnen, die ihrerseits immer behaupten, man müsse Haltung zeigen und Fassung bewahren. Ich werde die Damen mal ordentlich begießen mit den Wasserdüsen im Rosengarten beim Friedhof. Dazu genügt es, den Hebel im richtigen Moment umzudrehen, als die Nonnen ihre Verstorbenen besuchen gehen. Zeitgleich drehe ich die Wasserhähne im Rosengarten auf und es spritzt durch die Düsen im Kreis herum frisches, herrliches, kaltes Wasser! Ich bin nicht mehr imstande, die Wasserhähne abzudrehen, denn ich knie schon vor lauter Lachen.

Die rennen kreischend wie die Hühner mit waagrechtem Schleier aus dem Klosterfriedhof und ich schaffe es mit letzter Kraft und Disziplin zurück zu meinem Schreibtisch.

Tagelang kann ich immer wieder darüber lachen, nur meine Gruppenmutter kennt da keinen Spaß. Sie hat mich zwar nicht bestraft, wollte aber wissen, wie man sich denn so was ausdenkt. Und warum ich nicht was Sinnvolleres täte, als die armen älteren Nonnen zu verärgern.

Mir war es die Sache wert, auch auf die Gefahr hin, dass man mir vielleicht in die Suppe spuckt. Ich halte hier nicht eine Nonne für arm, geistig vielleicht, aber sonst sind die auch im höheren Alter ganz schön fit. Diesbezüglich haben sie meine volle Hochachtung! Ich kann Ihnen nur raten, im Alter sollten Sie wenig essen. Das ist unbestritten sparsam sowie auch extrem lebensverlängernd! Die jüngste von den Altnonnen ist hier um die achtzig Jahre alt und fast alle sind voll beweglich. Für meinen Mut werde ich innerhalb der Gruppe sehr bewundert, es gibt einige Mädchen, die gerne so wären wie ich.

Die Gegenwart ist mein Zuhause und ich ziehe das durch, was mir gerade einfällt. Was soll mir denn schon passieren? Man könnte mich vor die Türe stellen – ich hätte damit bestimmt kein größeres Problem! Eigentlich möchte ich das ja erreichen, aber die sind einfach immun gegen meine Dummheiten.

Die Ferien sind im Klosterleben ganz locker, wir können bis auf die Essenszeiten, die wir ja aus organisatorischen Gründen einhalten müssen, machen, was wir wollen. Aber die Tatsache, dass die meisten Mädchen von uns in den Urlaub heimfahren, verleiht dem Gebäude etwas Gespenstisches. Die Gruppe bleibt tagsüber nicht versperrt, man will uns bei Laune halten. Dadurch, dass ich dieses Gelände nun schon sehr gut kenne, komme ich wieder zufällig auf eine Idee.

Durch das Kloster fließt ein Bach und ich möchte hier rausschwimmen, besser gesagt, unten durch die dicke Mauer. Ich halte das für einen klasse Einfall und wundere mich, warum davon niemand was weiß und keiner es ausprobierte. Ich packe meine Habseligkeiten in eine kleine Umhängetasche und mache mich auf den Weg, ohne Zweifel und voll entschlossen, ich pfeife auf die guten Vorsätze – ich will heim!

So klug war das rückblickend nicht. Ich gehe voll bekleidet und wild entschlossen den Bach entlang, natürlich mit meinen

Turnschuhen – ohne die läuft nichts – und versuche, untendurch zu tauchen. Nach wenigen Minuten habe ich dicke Gitterstäbe in beiden Händen, die es mir unmöglich machen, rauszukommen! Zeit zum Nachdenken ist nicht drin, ich bin schockiert. Deshalb also verlor niemand ein Wort über diesen Bach. Welche Pleite! Ich muss aber schleunigst zurück! Und das mit Tasche und nass vom Scheitel bis zur Sohle. Aus meinen Schuhen rinnt das Wasser, bei jedem Auftreten ein Pfeifen.

Ich kann nur hoffen, dass mich niemand sieht oder einfach nicht genauer betrachtet. Pech gehabt – ich ziehe eine Spur bis in mein Zimmer und renne direkt unserer aufmerksamen Erzieherin in die Arme!

Die ist auch immer dort, wo sie keiner braucht, immer fehl am Platz! Auf ihre Frage, was denn das nun wieder solle, antworte ich wie üblich nicht. Ich schreite unbeirrt einfach schnurstracks weiter, ich möchte mich ja wieder trocknen. Das ist vielleicht nicht diplomatisch, aber effektiv, und so schaut sie mir kopfschüttelnd hinten nach.

Unter drei Minuten und ich bin verraten, das ist ja ein Hobby von denen. Ich solle sofort in das Büro, denn meine Firmpatin möchte mit mir schreien oder sonst was. Vielleicht aufhängen zum Trocknen. Ich bin eh sauer und ziehe mich vorher noch um. Schwester Reinhilde fordert eine Erklärung und ja, ich muss antworten.

Ich erkläre einfach, ich sei beim Spielen in das Wasser gefallen. Außerdem sei ich noch am Leben, mir sei fad von immer denselben Aktionen hier, mir sei das zuwider. Sie sieht mich erstaunt an, meint aber, dass man mit Nachdruck versuche, dass auch ich in den Urlaub fahren könne.

Wir sind ja nur noch zu fünft hier und meine beiden Freundinnen fahren auch noch in den kommenden Tagen nach Hause. Bestrafung erhalte ich wieder keine, aber ich bekomme eine Strafarbeit.

Ich sollte das 150-Liter-Aquarium von unserer Wohngruppe reinigen. Dieses Teil ist auf einem Schrank abgestellt und steht direkt im Eingangsbereich zur alleinigen Verschönerung. Klar, eingesperrte, kleine Fische – toll.

Ich erhebe Einspruch, denn ich würde gern was anderes übernehmen, aber das hört wieder niemand. Nein, ich habe das zu erledigen, und zwar bald und es wird mir schon wer helfend zur Hand gehen. Verwunderlich für mich die Tatsache, dass ich immer wieder erkläre, dass ich hier nicht hierher gehöre, aber bis auf die Oberin hört mir niemand zu.

Sie ist es auch, die ich am kommenden Vormittag zufällig treffe. Ganz stolz erzählt sie mir, dass sich ein Besuch für mich angemeldet habe. Einen kurzen Moment dachte ich an meine liebe Oma, die ich so sehr vermisse. Nein, es kommt von meinem biologischen Erzeuger dessen Mutter, auch eine nette, ältere feine Dame, mit dem Zug angereist.

Wir verbringen einige Stunden bis zum Nachmittag, dann fährt auch sie wieder heim und das ist gut so – für beide.

Sie wird nicht müde, mir einzureden, wie schön ich es hier hätte und was für gute Ausbildungsmöglichkeiten es für mich hier gebe. Ich solle doch weniger eigensinnig und mehr kooperativ sein. Ja, was soll ich erwarten von einer streng römisch katholischen Christin. Wir haben uns bis zu diesem Zeitpunkt immer nur bei Kurzbesuchen kennengelernt oder besser gesagt nur, wenn die mich abgetastet haben (Muttermale vergleichen).

Wenn es hier so toll ist, warum lebt sie diesen Irrsinn nicht selber mit? Ich muss mich fragen, wie ernst ich meine biologische Familie denn überhaupt nehmen kann. Es ist gut, dass sie weg ist, denn Ratschläge höre ich mir zwar gerne an, aber ich mache, was ich will, und keinesfalls das, was ein Erwachsener verlangt. Mein Vertrauen in die Erwachsenenwelt ist erschüttert genug und kann derzeit nicht wiederhergestellt werden.

Ich habe für das Aquarium eine Woche Zeit und kann mir aussuchen, wann ich das mache. Zuvor muss ich aber wieder im kleinen Sesselkreis nachfragen, wer mir freiwillig hilft. Mich nervt das ungeheuer, dass können die sich nicht vorstellen. Immer diese langen Besprechungen über unseren jeweiligen Arbeitsauftrag. Es redet fast niemand. Ich meine, das ist Sonderschulpädagogik.

Nun ist es so, dass ich nicht nur meine Heimat vermisse, sondern auch noch meine Freundinnen, die im Urlaub zu Hause sind. Das Ganze treibt meine Stimmung in den Keller. Ich bewege mich viel und versuche, mich mit allem Möglichen zu beschäftigen, aber immer klappt das halt auch nicht.

Ich sitze wie immer, meist fad dreinschauend, bei meinem Lieblingsplatz, als mir Folgendes auffällt. In diesem Augenblick geschieht es und zuerst traue ich meinen Augen nicht, ich glaub, jetzt träumst du!

Ich erkenne ihn aber sofort an seinen gelockten, schwarzen Haaren, die hat sonst niemand. Dazu seine dunkle Biker-Lederjacke, die er eigentlich immer trägt. Was macht der da und warum bekommt er überhaupt die Erlaubnis, mich zu besuchen? Ich bin echt überrascht und das soll schon was bedeuten.

Mich besuchen kann man außerdem nur, wenn man sich zuvor die Erlaubnis der Oberin geholt hat. Einfach so hereinspazieren, geht da gar nicht. Wenig später kommt mich schon die Erzieherin informieren und abholen. Sie bringt mich in unser Besucherzimmer, das nett eingerichtet ist und in unserem Stockwerk liegt. Fredy fällt ein Stein vom Herzen, als er mich endlich wiedersieht.

Man sieht ihm die Strapazen der vergangenen Monate deutlich an. Er hat abgenommen und sieht nicht mehr so lustig aus, wie ich ihn kennengelernt habe. Beinahe wirkt er verletzlich und er tut mir echt leid. Jetzt erkenne ich, dass er mich sehr gerne hat. Mehr, als es für ihn vernünftig ist, denn ich empfinde nicht so für mein Gegenüber.

Monate hat er mit Rechtsanwalt versucht, mich besuchen zu dürfen, aber das wurde entschieden abgelehnt. Die Oberin des Klosters hat ihm aber erlaubt, mich zu besuchen, um Folgendes zu fragen. Fredy macht mir im gleichen Moment und Atemzug einen Heiratsantrag! Und ohne auch nur genauer darüber nachzudenken, antworte ich entschlossen mit Nein. Man sieht ihm seine Verzweiflung leidvoll an, uns rinnen beide die Tränen über das Gesicht.

Ich habe dieses Nein mit meinem Herzen und aus dem Bauch heraus getroffen. Und obwohl mir klar ist, dass dies mein Ticket in die Freiheit wäre, lehnte ich ab.

Nicht für diesen Preis von einem Gefängnis in das nächste, auch wenn es nur noch ein goldener Käfig wäre! Wir bekommen einen Kaffee mit Kuchen serviert und was zum Trinken, Gastfreundlichkeit ist hier eine Selbstverständlichkeit.

Mir mangelt es nie an Worten und so versuche ich, ihm zu erklären, was ich fühle und wie ich denke.

Er hört mir ruhig und geduldig zu, ist traurig, aber auch erstaunt. Hier in diesem Zimmer beschränkt sich die Leidenschaft aber nur auf eine Person, das mache ich ihm unmissverständlich klar. Ja, ich möchte auch nicht, dass er noch mal hier auftaucht. Das ist für mich nicht gut und für ihn mehr als überflüssig. Fredy bleibt auch nicht lange, wir sitzen noch einige Minuten schweigend da und glotzen uns gegenseitig an.

Kurze Zeit später verabschiede ich ihn mit einem freundschaftlichen Schmatz und einer kurzen Umarmung. Er geht in die entgegengesetzte Richtung wieder raus und ich gehe in meine Wohngruppe zurück – diesmal nicht mal unglücklich! Natürlich möchte ich raus, aber nicht auf diese Art.

Klar ist das am Abend nach der Lourdes und vor dem Abendessen das romantische Tagesthema unter uns Mädchen. Jetzt ist es endgültig so weit, dass meine Gruppenmutter sich nicht mehr auskennt. Angeblich hat sie angenommen, dass ich den Antrag annehmen würde, alles für die Freiheit.

Vor dem Wochenende sollte ich das Aquarium mit der Hilfe von Monika reinigen. Und die Erzieherin wird uns beiden Instruktionen geben, mündlich, klar, denn die haben zwei linke Hände. Arbeiten von praktischer Art gehen bei dieser Berufsgruppe gar nicht. Die Sachen, die wir benötigen, habe ich in der Küche bereitgestellt. Jetzt geht es darum, dieses rechteckige, schwere Teil auf den Servierwagen umzuheben. Mir wurde das zu schwer oder zu glitschig, auf jeden Fall habe ich meine Seite einfach losgelassen und alles donnerte zu Boden. Mit einem unüberhörbaren, ordentlichen Knall. Unnötig zu erwähnen, dass wir in kürzester Zeit von Zuschauern umringt sind. Diese Aufmerksamkeit hätte ich mir schon viel früher mal gewünscht.

Die Gruppenmutter stürzt fassungslos aus dem Büro. Geschockt und ungläubig sieht sie ihre vielen Fische zappelnd am Boden. Zwei oder drei haben das nicht überlebt, was dem Ganzen jetzt noch was Dramatisches hinzufügt. Die Erzieherin hat scheinbar ihre Fassung ohnehin schon vor vielen Jahren verloren, dann wiedergefunden und sie reagiert! Schwester Reinhilde zischt zwischen ihre Zähne hindurch, rettet aber meine Fische. Sofort. Und bewegt sich auch. Und so machen wir uns daran, die Fische in die Trinkgläser zu bringen und danach in die halb volle Badewanne.

Das Aquarium ist gebrochen und die Fische können so nicht mehr in ihr altes Zuhause zurück. Ich bin Stunden mit den trockenlegenden Maßnahmen, wie Boden wischen, beschäftigt. Danach muss ich zur Aussprache in das Büro des Löwen. Unterdessen wird von woanders ein kleines Aquarium organisiert, das bleibt eine Notlösung. Das war ein Unfall, also eine Verkettung unglücklicher, dramatischer Umstände. Von mir aus willentlich und voll beabsichtigt durchgezogen. Ich werde aber nicht müde, immer wieder zu betonen: Welch blöder Unfall!

Man überlässt nicht die eigene Arbeit anderen Mädchen, außerdem habe ich mit den Waffen zurückgeschlagen, die hier andauernd verwendet werden. Diesmal habe ich aber den Bogen deutlich überspannt, denn meine Gruppenmutter glaubt mir nicht mehr. Verständlich, aber ich bin ja in der gleichen Situation. So kann ich vielleicht auf mich aufmerksam machen. Es könnte ja sein, dass sich doch noch was zu meinem Vorteil ändert.

Keiner in unserer Gruppe weiß genau Bescheid, wie das mit dem Urlaub im eigenen Elternhaus funktioniert. Aber es wird versucht, dass die Zöglinge Kontakte nach draußen haben. Und diesmal ist es wieder unsere Oberin, die meine leiblichen Eltern dazu überredet, mich über den zweiten Ferienmonat bei sich aufzunehmen. Hier im Kloster bleiben nur jene Kinder, die keine Angehörigen mehr haben. Es kann also gut sein, dass meine Leute da zwangsbeglückt wurden. Damit meine ich das Jugendamt, das schriftlich verfügt hat. Die Oberin holt mich zu sich in ihr Büro zu einem Gespräch, und obwohl ich die Nerven bei einigen Mitschwestern sehr strapaziert habe, bleibt sie freundlich und informiert mich!

Eine herzensgute Dame, die nicht einmal böse wird zu ihrem widerspenstigen Sorgenkind! Darüber und über ihr sonniges Wesen bin ich immer wieder aufs Neue schwer beeindruckt. Unsere Unterhaltungen sind für mich sehr lehrreich, sie ist die Einzige hier, der ich überhaupt vertraue. Sie erzählt mir genau, mit wem sie sich über mich unterhalten hat, natürlich immer über das zuständige Jugendamt. Dabei kam man zu folgendem sinnlosen Entschluss: Ich sollte Urlaub bei meinen leiblichen Eltern machen. Sollte das alles gut gehen, einen ganzen Monat lang. Abholen wird mich mein biologischer Erzeuger, den ich bis zu meinem nun fünfzehnten Lebensjahr genau zwei Mal getroffen habe.

Er selbst ist schon wieder seit Jahren neuerlich verheiratet und ich habe in Deutschland drei unbekannte Halbgeschwister. Die soll ich ja nun bald kennenlernen, egal, ob wir Kinder das möchten. Entscheidend ist, dass der Kontakt von nun an auch gepflegt wird. Die Frage, wie das gehen solle, da sich niemand kenne, rückt dabei bedeutungslos in den Hintergrund. Ich könnte meine Zweifel kurz ansprechen, aber das mache ich nicht mehr, ich will weg von hier! Und ja, ich würde inzwischen auch mit dem Teufel schlafen, um hier wegzukommen.

Es kommt also Schwung in meine Sommerferien, denn hier die ganzen Ferien zu verbleiben, wäre für mich nicht möglich gewesen. Es gibt nur eines, was mir hier noch gefällt, ich kann meine Runden ungestört schwimmen. Am Donnerstag kreuzt dann wieder mit einem grünen Volkswagen mein richtiger Vater auf. Es ist so, dass sich hier unbestritten zwei Fremde gegenüberstehen. Was soll ich mich darüber wundern? Er muss sich damit nun auseinandersetzen. Ich für meine Wenigkeit werde mich halt anpassen und – sofern mir möglich – mich auch noch ordentlich benehmen. Für mich ist nur wichtig, dass ich mal von hier wegkomme und vor allem endlich telefonieren kann.

Ich bin informiert, habe meinen Koffer flott gepackt und mich bei dem kümmerlichen Rest, der noch hier ist, verabschiedet. Ich warte beim Fenster den halben Vormittag, als ich zwei langsam dahinschlendernde Erwachsene entdecke, einen dunkelhaarigen, kleinen Mann und die Oberin, wie immer gut gelaunt. Das kann ich von meinem Vater auf den ersten Blick so nicht behaupten. Unsere Begrüßung ist alles andere als herzlich oder freudig, eher distanziert und unterkühlt. Da er ja ein Akademiker ist, weiß er genau, wie man sich verhält. Er lädt mich ein, bei seiner neuen Familie Urlaub zu machen. Wie nett, er reicht mir sogar die Hand. Danach würde er mich zu meiner Mutter bringen, die lebe ja auch in dieser Millionenstadt und arbeite dort im Gastgewerbe. Von seiner Seite aus könnten wir bald losfahren, denn es steht eine längere Autofahrt am Programm. Und nicht nur ich bemerke, wie schnell er wieder raus will aus diesem Gotteshaus!

Nach einem kurzen Aufenthalt im Besucherzimmer mit Kaffee und Kuchen geht es für mich in ein Abenteuer. Wir verabschieden uns förmlich, aber freundlich, und was er wissen sollte, hat er scheinbar schon von oberster Stelle erfahren. Meine Oberin lächelt mir nur noch augenzwinkernd zu und geht wieder flotten Schrittes ihren eigenen Weg.

Die ersten Minuten fühlen sich für beide Seiten komisch an, mir gefällt aber, wie er sich kleidet, sportlich schick und mit tollen Farben. Sein Oberteil ist sonnengelb und seine Hose ist grau mit schnittigen Freizeitschuhen. Die dunklen Haare tragen wir im Partnerlook, die Frisur ist echt gespenstisch ähnlich. Für einen Mann, das darf man noch sagen, ist er nicht besonders groß, das fällt mir schon auf. Ich sitze also im Auto meines richtigen Vaters, also wenn mir das mal jemand vorausgesagt hätte! Wir fahren so dahin und ich bin am Beobachten. Aus den Augenwinkeln heraus stelle ich fest, dass er gut aussieht.

Wir fahren eine Zeit lang ohne Worte dahin, bis ich beginne, einige Fragen zu stellen. Mein Vater beantwortet mir alles, was ich wissen muss, und informiert mich genau über meinen voraussichtlichen Ferienplan. Meine Eltern kamen, wie ich mir ja gedacht hatte, nicht im Akt der Nächstenliebe auf die Idee, mich bei sich einzuladen. Vielmehr wurde man dazu schriftlich aufgefordert und mit Nachdruck an die elterlichen Pflichten erinnert.

So komme ich zu einem unerwarteten Urlaub und lerne meinen Vater widerwillig kennen. Ich gewinne den Eindruck, dass er nicht vorhat, mich zu verurteilen, sondern eher zu unterstützen. Irgendwie kommt es dazu, dass er mir unbedingt erklären möchte, wie und wann er diese Bettgeschichte mit meiner Mutter hatte. Mein Interesse dafür hält sich in Grenzen, denn ich sehe das natürlich ganz anders als die Erwachsenen. Was soll das überhaupt? Ich muss mich nicht erklären, ich bin ein Mädchen und bin kerngesund, mir genügt das.

Außerdem bin ich hübsch und klug, vielleicht eine Spur zu klein geraten, aber man kann nicht alles haben. Klar, man könnte mich mehr nach meinen Begabungen fördern, ich wäre ja mit mehr Beachtung schon hinreichend zufrieden.

Aber nein, man rückte nur die Schwächen immer wieder in den Fokus und das voll beabsichtigt. Für mich wird mit jedem gefahrenen Kilometer klarer, dass ich meine ältere Dame wohl nicht mehr sehen kann.

Man will mich nun mit meinen leiblichen Eltern verkuppeln, mal schauen, was dabei herauskommt.

Wir sind alle dafür nicht bereit, es spricht niemand aus, aber es ist so! Ich spüre diese innere Abneigung und Verzweiflung mir gegenüber sofort, mein Bauchgefühl ist hier sehr zuverlässig.

Sechs Stunden Autofahrt später sind wir mitten in der Großstadt, vor einem soliden, hübschen Einzelhaus parken wir das Auto. Es ist ein Stockhaus, an der Vorderseite eine kleine Grünfläche und an der Hinterseite liegt der nicht allzu riesige, eingezäunte Garten. Im Erdgeschoss werde ich schon von seiner Ehefrau erwartet, eine hübsche, ebenfalls kleinere Person. Und von seinen Kindern, also meinen drei neugierigen Halbgeschwistern, einem Jungen, um die elf Jahre alt, einem Mädchen um die sechs und einem kleinen Mädchen, maximal vier Jahre alt. Sie ist hier mein Fan, sie kommt gleich auf mich zu und zieht mich in das Wohnzimmer. Im Erdgeschoss liegen Küche und Wohnzimmer, beide recht geräumig. In den Garten geht es über eine Terrasse herunter. Der Vorteil an Reihenhäusern ist, sie haben oben und unten

Toilette. Die älteste Tochter hält verständlicherweise von mir Abstand, ich will nicht wissen, was man ihr von mir erzählte. Die Frau von ihm ist Krankenschwester im nahe gelegenen Krankenhaus und eine freundliche Persönlichkeit.

Das ist mein erster Eindruck, als sie mir mein Zimmer zeigt, das man für mich bereitstellte. Das Arbeitszimmer oben unter dem Dach wurde freigemacht und hier kann ich ungestört wohnen.

Das ist mein persönlicher Freiraum und ich finde es toll, mal alleine zu schlafen. Aber ich bin hier nun in einer Familie mit Kindern, die ja eigentlich ein wenig mit mir verwandt sind. Und doch sind wir alle unterschiedlich, wie es kaum unterschiedlicher sein könnte!

Der Bub ist der Ruhige, Introvertierte und macht unter gar keinen Umständen auf sich aufmerksam. Er sieht aber frech und witzig aus. Seine hagere Figur erinnert mich an den Suppenkasper und ja, dadurch sieht er nicht nur blass, sondern auch kränklich aus. Das kleinste Mädchen ist die Prinzessin auf der Erbse in dieser Familie. Ich muss aber auch anmerken, dass sie besonders hübsch aussieht. Auch sie hat einen wilden Lockenkopf, was ihr etwas Engelhaftes verleiht.

Die älteste Tochter hat ihre Kindheit scheinbar zwischen Tür und Angel mal verloren. Sie ist die mit der meisten Verantwortung, liebevoll umsorgt sie ihre Geschwister den ganzen lieben Tag bis auf die Essenszeiten. Sie ist es auch, die meine Anwesenheit wirklich genießt. Ich spiele mit der Kleinen, was das Zeug hält, und wir Kinder sind da im Umgang miteinander wesentlich lockerer als Erwachsene.

Diese Woche gefällt mir, es ist meine persönliche Abenteuerwoche. Ich bekomme einiges zu sehen und kann mal eine Millionenstadt bestaunen. Ich bin nicht nur von den Gebäuden schwer beeindruckt, auch die Wahl der Möglichkeiten, wie man sich fortbewegen kann, bestaune ich.

Und ich habe ein Telefon und kann so mit meiner Oma telefonieren. Ihre Stimme zu hören, beruhigt mich unheimlich. Aber ich bemerke, dass sie müde und erschöpft ist und klar auch traurig, mindestens so sehr wie ich.

Nun weiß ich endlich, wie es ihr geht, was mein Papa, außer zu arbeiten, sonst noch macht und wie es mit ihrer Erkrankung aussieht.

So simpel kann man einen jungen, heranwachsenden Menschen wieder beruhigen, ohne andere Hilfsmittel. Aber im Kloster ist mir jegliche Kontaktaufnahme kategorisch verboten worden.

Seine Frau ist mit der neuen Familiensituation nicht so einverstanden, wie ich das anfangs glaubte. Als ich mich mal am Abend vor dem Einschlafen auf den Weg zum Wohnzimmer machte, hörte ich folgendes Gespräch ungewollt mit.

Mein biologischer Erzeuger und nun plötzlich gewordener Vater fragte ernsthaft seine Frau, ob es denn nicht möglich wäre, mich in dieser Familie aufzunehmen. Es sei ja im Grunde egal, ob man drei oder vier Kinder großziehe, er würde sich das zutrauen. Und es ist nicht so, dass die beiden wirtschaftlich lange überlegen müssten, Geld ist vorhanden. Seine Frau ist entsetzt, dass er überhaupt nachfragt, und lehnt diesen Vorschlag entschieden ab. Ich stehe noch immer unbemerkt da vor der Tür, drehe aber, ohne mich zu bedanken, um und gehe wieder auf mein Zimmer zurück. Die lustigen Tage sind immer schneller vorbei und so sind meine Tage auch hier zu Ende.

Mein Vater hat den dringenden Auftrag, mich zu meiner Mutter zu fahren. Wie gesagt, nun ist der Spaß endgültig zu Ende, das weiß ich.

Meine Mutter hat auch schon ihrerseits überlegt, was sie mit dem Fratz die gesamten Ferien noch machen soll. Nachdem er sich zügig verabschiedete und das Weite suchte, machten wir uns mit der S-Bahn auf zu ihrem Dienstgeber. Meine Mutter ist ja als Servierin täglich viele Stunden am Arbeiten und Trinken. Praktisch, so hat sie ihr Hobby gleich beim Dienstort und braucht nicht lange hin und her zu pendeln. Und nun kommt sie auf die Idee, für mich einen Ferienjob zu organisieren! Das hält sie für die beste Lösung, denn ich kann ja nicht so lange alleine sein. Damit hat sie nicht unrecht, das ist mir schon klar.

So kommt es, dass ich am Wochenende schon meine erste Einschulung als Schankmädchen habe. Danach komme aber auch ich in den Service, ich darf die Bestellungen aufnehmen und die Leute bedienen, aber das Kassieren übernimmt meine geschäftstüchtige Mutter. Im Umgang mit Leuten, die gerne und tief in das Glas schauen, ist sie total professionell. Jemand, der im Gastgewerbe so viele Jahre lebt, kennt dieses Milieu auch ganz genau. Meine Mama ist im besten Alter, sie sieht richtig gut aus, aber ihre Fahne, die sie Tag für Tag mitschleppt, ist für mich der Horror.

Bei mir nehmen die Po-Grapscher einen Anlauf nach dem anderen und nach einer Woche regt es mich gar nicht mehr auf. Meine Mama sieht das natürlich wieder anders, ich solle mich nicht so wichtig nehmen! Sie ist es auch, die damit besser zurechtkommt als ich. Klar, weil sie überhaupt nie richtig nüchtern ist, so sieht es aus, und nach vierzehn Tagen Servicehilfskraft habe ich fast ein wenig Mitleid mit ihr. Jeden Abend brennen mir meine Fußsohlen und beinahe bewusstlos schlafe ich, bis der Wecker wieder klingelt. Diese widrigen Umstände – arbeiten bis zum Umfallen und fast rund um die Uhr, mit einer Mutter als Alkoholikerin zusammenzuleben – sind ja auch eine Form der Kindesmisshandlung!

Aber das alles hat auch was Erfreuliches für mich, denn nach meinem Ferienjob bekomme ich meinen Lohn ausbezahlt! Und das ist nun eine Menge Geld, die mir jetzt gehört, damit sind die ganzen Unannehmlichkeiten schon wieder in weite Ferne gerückt!

Mit meinem Monatslohn sollte ich nun allein zurück in das Gefängnis fahren, und zwar mit dem Zug, die Karte wurde unverzüglich und gleich besorgt. Es sind noch sechs Tage bis zum Schulbeginn. Wir haben gerade mal den ersten September, als mich meine Mutter zum Bahnhof bringt und mich persönlich in den richtigen Zug setzt. Ich fahre mit dem Zug aus dem Bahnhof raus, aber bestimmt nicht zurück in unser Gefangenenhaus. Nun beginnen meine Ferien, und zwar so, wie ich es mir vorstelle. Am Telefon erreiche ich meine Lieblingsfreundin und auch die fährt morgen mit dem Zug zurück. Wir treffen uns am Hauptbahnhof in Niederösterreich.

Ohne Probleme findet man sich mit genügend Geld auch ganz gut zurecht. Ich finde am ersten Abend schon Studenten, bei denen ich mit meinem Koffer mal übernachten kann. Natürlich feiern wir die halbe Nacht Party auf meine Kosten. Sabine kommt vor dem Mittagessen bei mir an und ich stehe schon am Bahnhof bereit. Zwei Mädels, die sich Wochen nicht gesehen haben, da können Sie sich vorstellen, was es da für eine Begrüßung gab.

Unser Reisegepäck lassen wir am Bahnhof im Schließfach. Es ist ja so, dass wir nach drei oder vier durchzechten Nächten wieder gemeinsam weiterfahren möchten.

Wir beraten und beschließen, uns einfach telefonisch nicht zu melden. Denn eins ist klar, meine Mama war ja froh, dass sie mich los war, die fragt sicher nicht nach, ob ich auch angekommen bin. Bei Sabines Eltern sieht das anders aus, aber mal sehen, vielleicht fällt uns eine Notlüge ein – bis morgen.

Eine Partynacht weiter und eine Idee reicher rufen wir gemeinsam im Kloster an und erzählen folgende Geschichte, natürlich frei erfunden. Zufällig treffe ich am Bahnhof total verzweifelt und den Tränen nahe meine Freundin. Sie bitte ich inständig, mir bei der Suche nach meiner Handtasche zu helfen. Scheinbar habe ich die im Zugabteil liegen gelassen. Die Nonne ist von Natur aus gutgläubig und nimmt uns das ab. Aber es gibt nur noch einmal Party, denn danach müssen wir schnurstracks mit dem Zug weiter. Sollten wir am kommenden Tag nicht aufkreuzen, sind sie verpflichtet, uns als abgängig zu melden. Das wollen wir beide nicht, denn es würde sich nicht lohnen.

Sabine hat ja überhaupt nur noch eineinhalb Jahre vor sich. Wir starten mit neuen Klamotten und guter Laune von einem Lokal zum nächsten und bleiben, bis der Zug vom Bahnhof rollt, überhaupt munter. Zu Hause im Kloster haben wir ausreichend Zeit zum Schlafen und Rasten.

Dort ist es so, dass die schon früher mit dem sogenannten begleitenden Unterricht beginnen.

Da kann sich die Bildungsreform was abschauen, hier wird alles noch mal durchgearbeitet, natürlich in verkürzter Form. Aber so ist es für alle möglich, wieder den roten Faden zu finden sowie an individuellen Schwächen zu arbeiten.

Unser Kurzurlaub war sagenhaft, beide sind wir wie ausgewechselt und wieder bereit, neue Hürden zu bewältigen. Nun kommen ja alle wieder nacheinander in das Kloster zurück, einige glücklich und andere sind halt mehr traurig. Das bedeutet auch für die Nonnen wieder harte Arbeit und Ordnung, die Ferien bleiben nämlich draußen.

Die Gruppen sind bis eine Woche vor Schulbeginn alle wieder vollzählig und es gibt unter uns Mädchen vieles zu besprechen. Glück haben wir auch noch, die Erzieherinnen kommen erst mit dem ersten Schultag wieder zu uns.

Davor gibt es noch einige schöne, gemütliche Nachmittage, an denen wir ausreichend Freizeit haben. Am Wochenende erlauben die Nonnen uns auch, eine Disco vor dem Haus im Vorhof aufzustellen.

Organisieren tun wir Mädchen alles selber und das mit Absprache von allen anderen Wohngruppen. Zusammen kommen wir ohne die Beeinträchtigten auf schätzungsweise 45 oder 60 Mädchen. Alles ist wie draußen, nur mit weniger Lichteffekten und ohne Alkohol, aber den brauchen hier ohnehin die wenigsten – Gott sei Dank! Wir haben auch einige lässige Nonnen vor Ort, sie sitzen bei uns sogar auf den Tischen.

Mit dem Gesäß auf dem Tisch, beinahe etwas aufsässig wie wir. Mit den Füßen zappelnd hören wir gemeinsam die Hitparade!

Es ist aber doch so, dass der Klosteralltag mit seinen vielen Regeln und Strukturen uns bald wieder voll im Griff hat. Zur Freude und Begeisterung unserer Gruppenmutter, denn Ferien mag die überhaupt nicht.

Nun ist sie wieder voller Tatkraft und beinahe ansteckend fröhlich. Sie hat uns, als wir ankamen, empfangen, und als sie mich so ansah, konnte man sehen, dass sie mir verziehen hatte! Eins kann man sagen, nachtragende Nonnen sind das hier nicht, da hatte ich schon andere Erfahrungen.

Nach unserer Ankunft konnten wir gleich in die Gruppe, aber in den Tagen danach kam es zu einem Gespräch bei der Oberin. Wir blieben bei unserer Version der Geschichte. Dass meine Tasche mit den nächsten Zug wieder an den Bahnhof zurückkam und ich am nächsten Tag meine Handtasche mit dem gesamten erarbeiteten Geld zurück bekam.

Ich bin aber nicht bereit, mein ganzes Geld abzugeben, ich behalte mir in meinem Schuhversteck ein gutes Drittel zurück.

Die Nonne, die unsere Buchhaltung macht, staunt nicht schlecht, als sie hört, dass ich dieses Geld im Gastgewerbe erarbeitet habe.

Die Oberin fühlt sich von meiner Mama ordentlich übergangen, denn ich hätte ja Ferien haben sollen. Sie macht eine Meldung an die Jugendfürsorge.

Als ich mit Sabine vor ihrer Zelle stehe, ahne ich noch nicht, was auf mich zukommen würde, aber ich hatte so einen leisen Verdacht.

Sie hat sich für mich eingesetzt, dass ich eventuell doch noch nach Hause könnte oder zumindest eine externe Ausbildung besuchen dürfte.

Aber ihre persönlichen Anfragen bezüglich meiner Person waren umsonst. Ich hörte nur mehr die letzten Worte: Das Amt verfügt, dass ich bis zum vollendeten 18. Geburtstag hier in Ausbildung bleibe. Die kommenden drei Jahre halt bei guter Führung, wenn man so will, dann bin ich in frühestens drei Jahren so weit, dass ich gehen darf! Beim Hinausgehen rinnen mir die Tränen über das Gesicht. Und obwohl ich schon ahnte, was auf mich zukommen würde, bin ich unbeschreiblich entmutigt und zornig.

Ich hoffte bis zum Schluss, dass es zu einer friedlichen Lösung für alle käme, aber ich hatte wieder Pech!

Kinder haben keine Lobby, nein, wir sind gut entsorgt und weggesperrt von der Öffentlichkeit. Ich habe so meine Zweifel, ob ich das durchhalten kann. Überhaupt, wenn ich bedenke, dass ich nun nur noch Urlaub bei meinen richtigen Eltern genießen darf, wird mir gleich zum Kotzen übel!

Das sind nicht meine Vorstellungen von einer glücklichen Kindheit. Verzeihung, da bin ich anderes gewöhnt! Und nun steht bei mir nicht nur emotional alles kopf, es ist auch so, dass meine Hoffnung, vielleicht doch früher heimzukommen, auch gestorben ist.

Die Sonntagsmessen und die eifrig und ehrlich gebeteten Vorsätze sind auch dahin, mein Bedürfnis, abermals von hier wegzukommen, wird täglich stärker!

Ich muss nun auch im Kloster ein kleines Praktikum machen, erst in der Schneiderei und danach in der Küche, an dem Ort, den ich überhaupt nicht mag. Die Schneiderei ist wenig abwechslungsreich, immer wieder dieselben Teile zusammennähen und der Stoff beschränkt sich auf die Farben Schwarz und Weiß.

Zum Schnuppern bekomme ich wieder eine Hilfstätigkeit zugeteilt, bei der ich den ganzen Tag in gekrümmter Haltung kleine Teile einnähe mit der Nähmaschine.

Ach ja, die einzige Abwechslung ist, mal die Spule zu wechseln und die Teile nach hinter weiterzureichen.

Vorne arbeitet die Schneidermeisterin, ihres Zeichens eine ältere, disziplinierte Nonne, die keine Störungen duldet. Hier wird gearbeitet, ohne nach vorne oder hinten zu schauen, reden ist nur im Flüsterton gestattet!

Unnötig anzumerken, dass mir die zwei Tage genügen und ich mich gerne und hilfsbereit in die Küche verabschiede.

Dort ist die Küchenchefin im Vergleich zur Schneidermeisterin ja eine Unterhaltungskünstlerin.

Sie fragt mich, was mir denn im Kloster am besten schmeckt und wie es mit dem Nachtisch aussieht. Ich hätte gerne Käsenudeln. Aber das ist so schnell nicht möglich, denn da brauchen wir eine Menge frischen Topfen. Ich bin aber schon mit Käsespätzle und grünem Salat sehr zufrieden, als Dessert gibt es Schokoladenpudding. Es sind ja mehrere in dieser Küche angestellt, ich bleibe aber bis Freitag die linke Hand von der Nonne, die hier die Küche führt. Und sie ist nicht nur eine Fachfrau im Geschmack, sie ist auch hilfsbereit und nett.

Wie in jeder Großküche sind hier die Hygienevorschriften einzuhalten, ich trage eine Schürze und habe die Haare so gut wie möglich unter meinem Tuch versteckt, dazu gibt es Holzpantoffeln, die mir gut passen.

Die Tage vergehen erstaunlich schnell, selbst mit dem Abwaschen und genauen Reinigen nach dem Küchendienst, was mir nicht gefällt.

Es ist Tatsache, dass ich einfach keine Leidenschaft fürs Kochen habe, mich interessiert das nicht.

Und nur immer wieder für Fremde das Essen kochen. Tag ein, Tag aus immer wieder abwaschen und putzen bis zur totalen Erschöpfung. Ich meine, hier werden an einem Vormittag dreihundert Marillenknödel hergestellt!

Jede Hausfrau weiß, von was ich da spreche, das ist ein Knochenjob. Und als Krönung sozusagen sind es dann die Kartoffelknödel, die diesmal einfach nicht zu essen waren – nein danke!

Auch das ist nicht meine Schiene und die Küchengerüche dazu sind hartnäckig. Jeden Tag sind die Haare zu waschen, sonst stinken sie.

Ich bekomme eine Rückmeldung über mein Arbeitsverhalten und ja, die Küchenchefin könnte sich vorstellen, mich auszubilden. Meine Arbeitshaltung ist fleißig und ich bin interessiert – gut beobachtet, aber nur von mir gekünstelt.

Im Moment ist es so, dass ich immer sage, was ich mir vorstelle oder wünsche. Das ist wenig diplomatisch hier hinter den hohen Mauern.

Und so kommt es, dass die Entscheidung, was meine Ausbildung angeht, nun meine Firmpatin übernimmt! Schwester Reinhilde meint, dass es am vernünftigsten für alle Beteiligten sei, wenn ich die Haushaltungsschule besuche. Und sollte ich zwischenzeitig umdenken, könne ich ja die Matura noch dazu machen. Klar ist, dass ich hier was machen muss, und die Möglichkeiten sind begrenzt. Extern wird mir nichts ermöglicht, also keine Chance, da rauszukommen.

Nach den Ferien sind unsere Hormone noch auf Hochtouren. Mich kostet es keine großen Mühen, jemanden zu finden, der diesmal mit mir ausbrechen will.

Und ich entscheide mich gleich für den kommenden Montag, Doris ist mit von der Party. Wir kennen uns ja schon länger, und dass wir beide keine Lust mehr haben, hier zu sein, ist schon eine gute Basis, um einen Ausbruch zu planen.

Ich habe geistig schon alle Vorbereitungen getroffen, ich kenne unseren Eingangsbereich in- und auswendig, denn ich werde mit ihr über die Pforte abhauen. Es geht nur da oder mit einem Lieferwagen, in den man hier unbemerkt einsteigt. An der Pforte ist eine beeinträchtigte Nonne im Dienst, die leider einen Rollstuhl benötigt.

Dieses letzte Wochenende vergeht für mich wie im Rausch, ich bin mit den Vorbereitungen voll beschäftigt! Die Fürbitten für die Sonntagsmesse schreibe ich in Blitzgeschwindigkeit und ohne Anstrengungen.

Das Glaubensbekenntnis sowie alle anderen Gebete kann ich im Schlaf runterrattern. Meinen unerwarteten, plötzlichen Sinneswandel bemerkt hier niemand.

Genauso wenig, dass ich abermals beide Turnschuhe und Jacken zur Pforte schmuggle. Das habe ich schon mal gemacht, die gleiche Masche, und wieder funktioniert das Verstecken einfach perfekt.

Doris ist groß, schlank und hat dunkles, kurzes Haar und braune, freche Augen. Auch sie hat wie ich einen ausgeprägten Freiheitsdrang und keine Angst vor Bestrafung oder Züchtigung. Dass wir plötzlich in der Wohngruppe so viel miteinander abhängen, fällt nicht mal unserer Erzieherin auf. Und dass ich plötzlich nur noch gut gelaunt durch die Gänge sause, auch niemandem.

Das ist zwar gut für uns, aber ich meine, das sollte eigentlich pädagogisch ausgebildetes Personal sein, speziell für Problemfälle, wie immer wieder betont wird.

Das Begleiten von jungen Mädchen sieht für mich verdammt anders aus, die Stärken gehören individuell gefördert und die Schwächen angenommen und akzeptiert.

Und hier ist der Großteil, der mit uns zu tun hat, leider nicht in der Lage, individuell auf sein Gegenüber einzugehen. Hier regieren Zucht und Ordnung und das Unterwerfen gegenüber denen, die sich als gebildete Erwachsene bezeichnen!

Außerdem, wer sagt, dass hier alle so ausgebildet sind, wie sie es behaupten?

Null Bock mehr auf die christliche Nächstenliebe, ich will weg und das so schnell wie möglich! Dass ich genügend Geld habe, macht die Sache für uns beide viel leichter, denn ohne dieses Hilfsmittel geht gar nichts.

Egal, wir nutzen die günstigste Stunde. Das ist die vor dem Mittagessen, nach unserem ersten Schultag sozusagen. Wir treffen uns voll ausgerüstet und mit Umhängetasche vor der Pforte.

Ich öffne die Tür und die Nonne, die hier ihren Dienst macht, ziehe ich mit dem Rollstuhl zurück und fixiere die beidseitigen Feststellbremsen.

Das wiederum bringt mir einige Augenblicke, denn sie sieht mich erstaunt und betroffen an.

Nun öffne ich mit Knopfdruck das riesige, eiserne Tor und starte, ohne mich reumütig umzudrehen, entschlossen voll durch. Schon wieder raus, hurra, die Maus ist draußen beim Loch!

Dort erwartet mich Doris in der Mitte des Eingangsbereichs, damit sich das Tor nicht wieder automatisch verschließen kann.

In wenigen Minuten bin ich bei ihr und wir hauen gemeinsam ab. Nun hört man die Nonne schon, sich lautstark mit Hilferufen bemerkbar zu machen!

Uns bleibt nicht viel Zeit, um von hier sofort zu verschwinden, unser Abgang wird nicht lange unbemerkt bleiben. Blitzschnell, aber einig entscheiden wir, uns hier in einem kleinen Wald unweit des Klosters zu verkriechen.

Wir bleiben hier im Ort bis zum Schutze der Dämmerung, ehe wir wieder weiterlaufen. Das hat uns gerettet, denn es dauert nicht lange, bis die Polizei anrückt und man Bewegungen zum und vom Kloster wahrnimmt.

Ich bin eine Kröte, das ist es, was mich ausmacht, aber man hätte es ja auch anders haben können. Und ich bin wild entschlossen, diesmal auch heimzukommen zu meinen Leuten.

Doris hat ja auch einiges vor, sie will mal nach Hause zu ihrem triebseligen Freund. Sie trieb der Liebeskummer davon, ja, so groß kann die erste große Liebe werden.

Mir ging es ja schon ähnlich, aber so richtig arg hat es mich noch nicht erwischt und darüber bin ich im Moment sogar froh!

Das würde mir jetzt noch fehlen, mir reicht das, was ich seit Monaten hier empfinde. Diese Ungerechtigkeit ist dabei, mich innerlich zu zerreißen. Und die Tatsache, dass ich bei meiner Mutter den Urlaub verbrachte, abermals gegen meinen Willen!

Das macht mir alles wieder voll bewusst und zeigt mir, wie abhängig ich von den Erwachsenen bin. Egal, ob ich das will oder nicht. Ich setze mich damit auseinander, weil ich diese Ungerechtigkeit nicht ertrage. Ich habe das Gefühl, innerlich zu verbluten, langsam, aber doch beständig.

Rückblickend wäre es vielleicht besser gelaufen, man hätte mich über die Ferien mit meinen Büchern in ein Eck gesetzt und mir was Besseres zu essen serviert.

Dass man mich in diese Anstalt überhaupt bringen konnte, dazu war folgende Intrige notwendig: Meine alkoholkranke, mir gegenüber gewalttätige Mutter und deren Mutter behaupteten, dass mein Stiefvater zu mir sexuelle Kontakte hege!

Die beiden nahmen also an, dass es hier zu solchen abartigen Handlungen kommen könnte.

Wie schlecht muss ein Mensch sein, um so eine böse Intrige beim Jugendamt vorzubringen. Und das bei seinem eigenen Enkelkind!

Ohne Worte – und das ist das Benzin, das mein Feuer beim besten Willen nicht zum Löschen bringen kann.

Ich habe versucht, diese Ungerechtigkeit zu vergessen. Außerdem habe ich alles abgearbeitet, was von mir erwartet wurde, und endlich guten Willen gezeigt.

Zu mehr aber bin ich nicht mehr bereit. Dass ich geistig weder beeinträchtigt noch verhaltensauffällig bin, habe ich ebenfalls viele Male bewiesen!

Bevor man mir das hier antat, kam es ja noch zu einem Selbstmordversuch meiner leiblichen Mutter.

Damals lenkte sie, natürlich wieder total abgefüllt, ein Auto und wollte sich damit das Leben nehmen.

Irgendwie gelang es mir, nachdem sie schon zwei parkende Autos angefahren hatte, dass sie uns doch wieder aussteigen ließ. Daraufhin wurde ihr zwar die Lenkererlaubnis, also der Führerschein, auf Lebzeiten entzogen. Aber uns Kinder durfte sie weiterhin behalten und das, obwohl sie ungebremst in den städtischen Kindergarten fuhr. Nur ein schmiedeeisernes Tor hat eine Katastrophe verhindert! Kindeswohl kommt also nach der Verkehrssicherheit bei uns, das ist schon ein wenig abartig.

Eigentlich wollte man mich ja in einer Jugendanstalt unterbringen, irgendwo im Krankenhaus. Das ging aber doch nicht durch, da mich der Schulpsychologe als normal beurteilte!

Er hätte vielleicht meine Mutter mal zu einem Gespräch einladen müssen.

Dieses Attest verschonte mich vor schlimmeren Absichten, denn wie viele Jahre später herauskam, wurde der ärztliche Leiter dieser Abteilung wegen Kindesmissbrauch rechtskräftig verurteilt! Mit allen Nebenwirkungen und natürlich lebenslangem Berufsverbot.

Mir persönlich fallen da noch andere Maßnahmen ein. Zumindest eine Meldepflicht wäre sinnvoll, sodass man weiß, was für einen netten Nachbarn man hat.

Aber ich habe sehr schnell erkannt, dass Kinder aus sozial schwächerem Umfeld keine Fürsprecher haben!

Uns gibt es scheinbar nicht und unsere Begabungen und Fähigkeiten werden rasch falsch oder wissentlich gar nicht erkannt.

Mir tut das nicht im Geringsten leid, was ich mit dieser beeinträchtigten Nonne angestellt habe. Ich hatte schlichtweg keine andere Idee mehr und keine innere Kraft übrig.

Einige Minuten mal ausgeliefert zu sein, ist vielleicht für den Betroffenen nicht so unterhaltsam, aber im Vergleich zu dem, was man mir antat, eine nennenswerte Kleinigkeit!

So warten wir auf die Dunkelheit und gehen danach querfeldein an das andere Ende des Ortes. Von da an schauen wir, so zügig wie möglich zu einer Bundesstraße zu gelangen.

Nun ist es so, dass wir schnellstens das Weite suchen müssen. Denn es kann gut sein, dass auch eine Zivilstreife nach uns Ausschau hält. Oder eine unserer Nonnen hat sich in ein Auto gesetzt und sucht uns. Und auf eine Schlägerei mit einer Nonne würde ich es doch nicht ankommen lassen.

Wir sind aber beide recht flott und unbeirrt, diese Tatsache hilft uns zügig weiter. Mit Autostopp landen wir gleich in der nächsten Stadt.

Hier wird es schwieriger, uns zu finden. Ich halte mich nur dort auf, wo auch viele andere Menschen sind. Das sind allgemein öffentliche Plätze sowie Fußgängerzonen.

Ich spüre jeden einzelnen Fußmuskel. Das zeigt mir, dass ich schon ein wenig träge geworden bin.

Aber ich bin in Partystimmung und auch Doris ist bereit, nun mal das Kloster für einige Tage in der Freiheit hinter sich zu lassen. Wir haben vor, uns nach drei Tagen zu trennen, danach geht jeder in sein eigenes Bundesland.

Ich habe mehrere Kilometer mehr nach Hause als sie, diesmal werde ich es auch schaffen, davon bin ich überzeugt. Wir verbringen die Nacht mit etwas eigenartigen Leuten, die uns im Park ansprechen. Uns sind die nicht so vertrauenswürdig, wir schauen uns gleich nach was Neuem um.

Ein Zimmer könnten wir uns zwar leisten, aber wie sollen wir uns ausweisen und im Gästebuch eintragen? Und jeder Erwachsene, der uns ungeschminkt sieht, weiß, wie alt wir sind.

Deshalb schminken wir uns kaum ab, das Zeug bleibt also drauf und wir sehen eigenartig verdunkelt aus.

Und so geht es wieder Richtung Bahnhof, denn hier treibt sich immer alles rum, was auch kein Zuhause mehr hat.

Da kommen wir wieder mit Obdachlosen ins Gespräch. Ich mag diese exotischen Persönlichkeiten, sie sind eine eigensinnige, kleine Minderheit. Sie trinken meist viel Alkohol, nehmen Drogen, harte und weiche, aber eins machen die bestimmt nicht: nerven, indem sie einem ununterbrochen Fragen stellen. Hier ist man anonym. Hier kümmert sich keiner um den anderen, woher man kommt oder wohin man geht, alles ist reine Nebensache.

Auch unser junges Alter oder die Tatsache, dass wir über keinen Lichtbildausweis verfügen, hat keinerlei Bedeutung.

Wenn man so viel lügt wie ich (Notlügen), darf man schon achtgeben, dass man nichts vergisst.

Ich drücke mich anders aus, dafür, dass man mich falsch versteht, kann ich nichts. Merken Sie, was hier geschieht?

Ich auch nicht, ich habe diese Wortspielereien von den Nonnen gelernt, darin sind sie Weltmeisterinnen.

Mit den Obdachlosen gehen wir, ohne zu zögern, mit und diese Nacht ist an Neuigkeiten nicht zu überbieten. Jeder von denen hat Alkohol bei sich, Nikotin auch, aber nicht so wie wir in Form von Glimmstängeln. Die meisten drehen sich ihre Glimmstängel selbst mit Billigtabak, dabei lässt sich auch leichter was einbauen. Cannabis oder was anderes – hier wird ständig gebastelt.

Für mich bedeutet das: Finger weg. Ich habe keine Berührungsängste, aber mit Drogen möchte ich nichts zu tun haben. Alkohol als Hilfsmittel für eine lockere Stimmung ja, aber mehr ist da im Moment nicht drin.

Obdachlose sind auf jeden Fall immer jünger, als sie aussehen. Ich bin weg, als mir John sagt, wie alt er ist.

Er sieht aus wie 40 plus und ist gerade mal 26 Jahre alt und total heruntergekommen. Auch ich stelle meinem Gegenüber keine lästigen Fragen. Jeder hat hier seine eigene persönliche Geschichte und wir sprechen kaum darüber. Und nüchtern schon gar nicht, da ist man ganz distanziert.

Bei mir schrillen alle Alarmglocken, so möchte ich nicht enden, denn von dieser Schiene wieder runterzukommen, ist beinahe unmöglich.

Der Mädchen- oder Frauenanteil hier ist sehr gering, das dürfte mit unserem Aussehen und natürlich mit Eitelkeit zu tun haben. Wir ziehen also voll interessiert mit denen um die Häuser und schlafen die erste Nacht gemeinsam bei einem Hotel.

Aber nicht darin, sondern im Freien über dem Lüftungsschacht über dem Kellerabteil.

Mit Kartons als Matratze liegen wir warm gebettet direkt über dem Gebläse. Dort kommt die ganze Nacht warme Luft raus. Im frühen Morgengrauen holen wir frische Semmeln, die täglich vor dem Haupteingang abgeliefert werden. Sie sind ja eigentlich für die Hotelgäste, aber die werden wohl noch was anderes zum Essen vor Ort haben. Und wir stehlen ja auch nicht alle, etwas bleibt schon noch übrig.

Wir durchsuchen auch Müllbehälter und ich staune nur so, was die Profis da alles rausfischen. Lebensmittel, bei denen das Haltbarkeitsdatum kaum überschritten ist, landen genauso im Müll wie jene, die noch genießbar sind, aber weniger frisch aussehen.

Diese Bevölkerungsschicht ernährt sich zum Großteil von den Lebensmitteln, welche die anderen wegwerfen. Könnte gut sein, dass uns das vor Augen führt, wie unverschämt eigennützig wir in unserem Denken und Handeln sind!

Ich habe ja ausreichend Geld und kann mir kaufen, was ich möchte. Aber ich bin zu John immer großzügig mit Zigaretten, drehen braucht er vorerst mal nicht. Dass ich seine Biere bezahle, ist für mich klar.

Dass mit uns beiden was nicht stimmt, ahnt er sehr genau, aber ich bemerke, er will das gar nicht wissen.

Doris hat schon mit ihrem Freund telefoniert, die beiden haben sich bereits fix verabredet.

So kommt es, dass sie am Vormittag eine Fahrkarte für den Bus kauft und schnell weiterzieht. Zu diesem Zeitpunkt ahne ich noch nicht, dass ich sie nicht wiedersehen werde.

Ich bleibe noch zwei Tage bei den Leuten unter der Stadtbrücke und studiere, wie ich unauffällig weiterkomme.

Zum täglichen Kiffen habe ich keine Lust und das Saufen ist auch nicht gerade meine Vorliebe. Den Mundgeruch von diversen Alkoholikern finde ich einfach abstoßend. Kann mir überhaupt nicht vorstellen, so einen zu küssen.

Die Tage vergehen recht schnell, denn wir sind ja immer zu Fuß unterwegs, Bus fahren tut da niemand wegen der Kosten.

Ich will was erleben, weiterkommen, Leute kennenlernen und in mein Bundesland zurückkehren. Heute werde ich mal kurz meine Oma anrufen, möchte ja wissen, ob sie vom Amt überhaupt verständigt wurde.

Gesagt, getan. Bei der nächsten Telefonzelle rufe ich sie an und freue mich, als sie das Telefon abhebt. Sie hat, obwohl sie mehrmals nachfragte, keinerlei Informationen über mich erhalten und ich bemerke, dass sie sehr traurig ist.

Und doch spricht sie mir immer wieder Mut zu und verliert nie ein schlechtes Wort, weder über meine Mutter noch über die Beamten der Fürsorge.

Beamte, die eine ältere Person so quälen – was sind das für Menschen?

Also ich bin nur noch wütend und auch tieftraurig. Genügt es nicht, dass man uns trennte?

Was erklärt die Tatsache, dass man eine ältere, krebskranke Dame noch zusätzlich belastet?! Ein Zeugnis darüber, welch geistig minderbemittelte Leute als Beamte ihren Dienst versehen.

Meine Oma freut sich immer, wenn ich mich melde, und ich höre sie durch das Telefon lachen, denn sie kennt mich und meine Absichten genau.

Dieses Heim und kein anderes wird mich festhalten können, nicht, solange ich noch einen freien, unbeugsamen Willen besitze!

Mir reicht meine offene Wunde, die nicht verheilt und mich täglich mindestens zweimal daran erinnert, wer ich eigentlich noch bin.

Und diesmal werde ich mit ein wenig Glück auch an mein Ziel gelangen. Ich verabschiede mich von meiner Oma und lege den Hörer nun etwas beruhigter in die Gabel zurück.

Die gute alte Telefonzelle! Welch technisch geniales Hilfsmittel! Kommunikation rund um die Uhr und noch dazu ohne Datenspeicherung.

Ich mache mich alleine und unbekümmert auf den Weg und verabschiede mich kurz bei John. Als kleines Dankeschön gibt es noch drei Schachteln Zigaretten und auch er wünscht mir viel Glück.

Jeder sagt das, was der andere gerne hören möchte, und so trennen sich unsere Wege auf Nimmerwiedersehen.

Nun geht es für mich mit Autostopp recht flott weiter, ich muss nie lange warten. Meine erste Mitfahrgelegenheit ist ein netter Mann im mittleren Alter, er wirkt gepflegt und freundlich.

Er fährt einen normalen Pkw und auch im Innenraum sieht es sauber aus. Am Hinterkopf hat er eine Glatze und auf der Nase eine fette Brille. Ich bin betont freundlich und erzähle ihm, dass ich bei einer Party übrig blieb und dass mein Freund nun sauer sei. Nach durchzechter Nacht müsse ich nun wieder nach Linz, da würde ich erwartet.

Er stellt wenig Fragen, nickt und fährt weiter, schaut mich aber aus den Augenwinkeln immer wieder prüfend an. Ich bin froh, als ich die Autobahn Ausfahrt lese, in wenigen Minuten sind wir da. Ich möchte so schnell wie nur möglich heimkommen, aber ich habe keine Ahnung, wie lange ich für Hunderte von Kilometern brauchen werde.

Und sollte es finster werden, möchte ich in einem Auto sitzen, denn in der Nacht alleine rumzulaufen, ist viel zu gefährlich.

Ich steige aus, er fährt weiter und ich mache mich wie immer zu Fuß auf den Weg. In einem ländlichen Gasthaus ziehe ich mich mal zurück auf eine Jause und eine Cola.

Für die Leute, die dort rumhocken, bin ich eine Ausländerin, denn hier kennt jeder seinen Nachbarn. Man sieht mich an, aber man ist nicht interessiert an meiner Person, zumindest hinterlässt es diesen Eindruck.

In diesem Gasthaus lerne ich ein Mädchen kennen, um die siebzehn Jahre alt, total schrill und vom Kopf bis zur Sohle in Orange und Rosarot gekleidet.

Ich überlege gar nicht lange, als sie meint, sie lebe mit noch ein paar Leuten zusammen auf einem Bauernhof. Sie lädt mich ein, für unbestimmte Zeit bei ihnen zu leben, und alle sind so gekleidet wie sie.

Ja klar will ich, was für eine Frage, denn im Moment kann ich nicht weiter. Per Anhalter am späteren Abend ist einfach zu risikoreich. Unklar ist mir auch, wie die Polizei nach mir sucht, mit welchen Hilfsmitteln. Bin ich im Radio oder gar mit Foto in einer Zeitung? Es kann gut sein, dass niemand nach mir sucht, aber ich bin noch minderjährig und ohne Fassadenputz sieht man das. Nicht jeder Erwachsene ist so dumm, wie ich es gerne hätte, das muss ich anerkennend zugeben.

Also nehme ich die Einladung dankend an und wir wandern gemeinsam zu diesem Hof. Auf dem Weg dorthin wächst auch meine Neugierde mit jedem Schritt.

Diesmal nehmen wir Krautköpfe mit und naschen im Vorüberziehen Brombeeren.

Mia hat blondes, halblanges Haar und blasse, graue Augen, sie ist viel größer als ich.

Unter dem Marschieren erzählt sie mir, bei wem sie seit mehreren Monaten lebt. Ich beobachte sie genau und höre ihr aufmerksam und neugierig zu.

Dabei erfahre ich, dass sie dort mit sieben jungen Leuten gemeinsam wohnt. Und dass es eine Art von religiöser Wohngemeinschaft ist, da bin ich echt verwundert.

So junge Leute sind auf der Suche nach einem gemeinsamen Glauben und haben sich gefunden. Sie sind aber freiwillig zusammengewürfelt, mit einem gemeinsamen, großen Ziel. Sie wollen mit Nachhaltigkeit die Welt verbessern, einen ökologischen Fußabdruck hinterlassen. Sie möchten ein friedliches Zeichen setzen und die Welt, zumindest um sie herum, etwas friedlicher gestalten.

Transportiert wurde dieses Gedankengut aus Indien und nennt sich dort Bhagwan. Das ist ein sehr alter, weißer, lächelnder Mann und seine Anhänger tragen alle dieselbe Holzkette. Diese schwarze Kette ist ziemlich lang und in Brusthöhe ist sein Abbild zu sehen. Also für mich sieht der aus wie der fröhliche amerikanische Weihnachtsmann.

Und das fiel mir ja gleich auf, alle tragen die Farben Rosarot bis Orange, auch die Männer.

Auf diesem Hof leben zwei Männer und einer davon ist derjenige, der das hier alles führt – wenn man das so sagen kann, denn viel zu organisieren gibt es da ja nicht.

Es wird kein Fleisch gegessen und nur vom Nötigsten gelebt. Schon wieder lande ich in bescheidenen Verhältnissen. Der Hof selbst liegt etwas außerhalb und ist von ihnen gepachtet.

Ja, und ich bin herzlichst eingeladen, so lange zu bleiben, wie ich möchte. Klar, dass mir mein Schlafplatz bei Mia im Zimmer angeboten wird.

Der Älteste hier trägt langes, glattes Haar, er sieht etwas verhungert aus, aber er hat ein sehr markantes, ausdrucksstarkes Gesicht.

Ich erblicke ihn und bin hin und weg von diesem gut aussehenden Typen.

Mein Plan, so schnell wie nur möglich weiterzukommen, hängt nun auch in der Warteschleife. Was mir nach der ersten Nacht auffällt, ist, dass hier nur drei einer Beschäftigung nachgehen. Die arbeiten also und finanzieren das alles, denn Kosten entstehen auch, wenn man nur Gemüse isst – obwohl das meiste gestohlen wird auf den angrenzenden Ackerflächen.

Hier wird jeden Abend eine Menge getrunken, denn im Keller ist von Wein bis Schnaps alles zu finden.

Das zentrale Zimmer sieht etwas eigenartig aus, mit Matratzen am Boden, Tüchern, von der Decke herunterhängend, und verschiedenen Duftkerzen.

Ich dachte immer, dass ich viel rede, aber diese Gemeinschaft ist, was die Kommunikation betrifft, nicht zu schlagen. Jeder sagt, was er sich denkt und wie man etwas verändern könnte. Ich gewinne den Eindruck, dass man auch hier sehr überzeugt ist von dem, was man so von sich gibt.

Und ich blicke in diese Augen mir gegenüber, im Schneidersitz, in gerader Körperhaltung, und bin fast hypnotisiert.

Er schaut auch nicht weg und grinst unverschämt vor sich hin.

Ja, und hier greife auch ich zu meinem ersten Joint, aber ich rauche nur mit. Bei jeder Runde mache ich einen winzigen Zug und achte darauf, nicht alles voll zu inhalieren.

Ich probiere das Zeug halt, weil ich dazugehören möchte und dabei sein will. Das genügt vollkommen, um vor dem Fernseher sich wegen Lucky Luke halb totzulachen.

Jeden Abend das Gleiche und in Verbindung mit Alkohol wird die Wirkung stärker. Ich weiß am nächsten Abend nicht mehr, wie ich im Rauschzustand eine Fischdose geöffnet habe.

Diese besagte Ölsardine habe ich ohne Brot angeblich gegessen und bin danach schlafen gegangen ohne jegliche Erinnerung.

Und obwohl ich voll verknallt bin in den Typen, mache ich mich nach dem vierten Tag wieder auf den Weg. Mia ist ein wenig traurig, meinte sie zumindest, aber ich muss weiter, denn so enden will ich nicht. Hier abzuhängen und sich einer andauernden Illusion von Liebe und Friede hinzugeben, ist mir unter diesen Umständen doch etwas zu wenig. Und in Rosa gekleidet würde ich eher ausschauen wie Miss Piggy.

Ich bin wie ein Segel im Wind, aber mein Mast, der mir Richtung gibt, verinnerlicht mir einen wesentlichen Grundsatz: Werde bloß nicht so wie deine leiblichen Eltern! Denn für beide empfinde ich tiefste Verachtung. Das wäre für mich unvorstellbar und diese Tatsache bewahrt mich vielleicht vor größeren Fehlern.

Es ist ein nicht unbedeutender Grund, warum ich so flott wieder einen Autobahnzubringer suche.

Das gemeinsame Abhängen und Kiffen hat mir gut gefallen, aber immer dasselbe erinnert fast an ein Kloster-Dasein.

Mia begleitet mich ein Stück des Weges und so wie bisher mehrmals am Tag gibt es Küsschen links und rechts. Mittlerweile sind wir ja Schwestern und klar, ich bin immer wieder und jederzeit willkommen.

Ich glaube, dass die Mädchen diesen unverschämt gut aussehenden Mann alle gleichzeitig benutzen oder teilen.

Ich halte meinen Daumen nicht lange in den Südwind, denn kurz, nachdem wir uns herzlichst verabschiedeten, bremst sich ein jüngerer Mann neben mir ein.

Wohin er fährt, verstehe ich unter dem Einsteigen gar nicht. Macht aber nichts, ich fahre sowieso mit, er ist mir sympathisch und das genügt vorerst.

Meine gläubigen Brüder und Schwestern habe ich schnell vergessen, und doch bin ich dankbar für diese ruhigen Tage, denn zwischenzeitig habe ich meine Batterien wieder voll aufgeladen.

Mein neuer Fahrer erzählt mir einiges von seinem Job am Bau als Industrieschlosser und von seinen nervigen Eltern.

Ich nicke immer wieder zustimmend und erzähle ihm, dass ich nach Hause möchte. Und dass ich als Rücksack-Teenager mir mal die Nachbarbundesländer angeschaut habe. Und ich hätte verdammtes Glück gehabt, denn ich fand bis jetzt immer nur nette Menschen, die mich unentgeltlich mitnahmen.

Ob er mir das glaubt, weiß ich nicht, denn er grinst immer wieder in meine Richtung und von unten überkommt mich ein eigenartiges Frühwarnsystem. Das bedeutet, eine schleichende Übelkeit plagt mich irgendwie komisch, aber ich entscheide mich doch für das Aussteigen und behaupte, ich müsste umgehend auf eine Toilette.

Er ist halb so nervös wie ich, denn er fährt einfach bei dem nächsten Autobahnparkplatz rein. Ich will mich verabschieden und meine, dass ich schon selbst weiterkomme.

Das ignoriert er aber einfach, greift zu meiner Tasche und hält diese fest. Ich solle mich beeilen, denn er wolle auch noch nach Hause kommen.

Ich denke, dass er mich nun sexuell belästigen wolle. Wäre ja nicht das erste Mal, dass ein Mann meine Anwesenheit so sieht, auch mal rübergreifen zu können. Ich bin aber nicht gewillt, mit Naturalien meine Mitfahrt zu bezahlen.

Ich sah ihn also eindringlich an und bestand darauf, endlich meine Tasche loszulassen, und was das denn überhaupt solle.

Er lachte und meinte, dass es nur ein Witz wäre, er wollte lediglich schauen, was ich nun machte.

Ja, wenigstens er hat etwas zum Lachen, denn für mich war das alles andere als lustig.

Er kann ja nichts für mein schlechtes Gewissen! Es kann gut sein, dass ich mich etwas verfolgt fühle, ja klar und das schürt auch diese innere Unruhe.

Die Tatsache, dass ich orientierungslos bin, macht das alles nicht gerade einfacher. Wir bleiben nach anfänglichen Verständigungsproblemen nun doch zusammen und ich fahre mit bis in die grüne Steiermark. Dort trennen sich unsere Wege unkompliziert und meine Wenigkeit marschiert zu Fuß viele Kilometer weiter.

Es wird an der Zeit, sich eine gute Jause und was zum Trinken zu besorgen, mal was anderes als Wasser wäre auch wünschenswert.

Ich habe Lust auf eine kühle Coca Cola und wenn möglich ein deftiges Bauernbrot. Bei der nächsten sich bietenden Gelegenheit bin ich drinnen und bestell mir was. Was mich zum Grübeln bringt, ist die bevorstehende Nacht, ich werde im Freien schlafen müssen. Ich möchte mal ohne neue Bekanntschaften eine Nacht unter freiem Himmel im Schutze eines Waldes oder einer Brücke einfach sorglos übernachten. Die Obdachlosen haben mir gezeigt, wie man mit geringstem Aufwand und ein wenig Geduld bald einen erträglichen Schlafplatz findet.

Das wird heute Abend meine persönliche Premiere, denn ich bin allein unterwegs und ich habe nicht vor, das so schnell zu ändern. Ich will so schnell wie möglich heimkommen, endlich ankommen, und egal, was für Hürden auf mich warten, ich werde sie gekonnt nehmen.

Ich komme an einem Gasthof vorbei und halte mich dort eine halbe Stunde auf. Ich werde kulinarisch mit einem belegten Brot und einer Cola verwöhnt. Dinge, die man nicht immer haben kann, weil sie eben nicht verfügbar sind, schmecken umwerfend gut für mich.

Nun bezahle ich schnell mit einem kleinen Trinkgeld für die Kellnerin, verabschiede mich freundlich und mache mich flott auf den Weg. Ich will den Eindruck hinterlassen, dass ich mich auskenne, aber im Grunde habe ich keinen Plan von der Umgebung.

Aber was es überall in Massen gibt, sind Wegwerfbehälter, große und kleine, erreichbare und weniger erreichbare für mich als Schlumpf. Wie meine obdachlosen Freunde es mir gezeigt haben, werde ich mir ein Bett für die Nacht basteln. Rasch und effizient wärmend und Feuchtigkeit abweisend, ohne dafür zu bezahlen.

So mache ich mich auf die Suche und werde auch recht bald fündig, bediene mich mit zwei größeren Kartons und einer alten Männerfliegerjacke. Die wird mir über Nacht wollige Wärme spenden. Kurze Zeit später bin ich von der Straße runter und verschwinde unbemerkt in einem Waldstück. Für mich finde ich im Unterholz bald den perfekten Platz und mache es mir gemütlich. Sitzend im Türkensitz rauche ich eine York-Zigarette und träume vor mich hin mit geöffneten Augen. Dass ich auf der Flucht rauche, wundert mich ein wenig, aber ich möchte halt älter sein und cooler wirken.

Langweile überkommt mich nicht, es stört mich auch nicht, dass ich alleine unterwegs bin. Im Gegenteil, ich bin der Meinung, dass ich so besser dran bin. Zum einen brauche ich keine Rücksicht nehmen, das ist mir sehr willkommen! Und zum anderen, denke ich, falle ich allein nicht so auf wie zu zweit, immerhin sind wir ja gemeinsam durchgebrannt. Egal, ich will heimkommen und endlich mit meiner „eigentlichen Nicht-Oma" reden können.

Dass man mir das verbietet und untersagt, ist eine Form der Bestrafung, die ich am wenigsten verstehe. Sinnlos und für mich nicht gerechtfertigt ist so ein Verhalten gegenüber einem Teenager, der ich nun mal bin. Der Standardsatz von den Erwachsenen lautet ja, die ist gerade in der Pubertät. Das heißt so viel wie, ich spreche eine Fremdsprache und habe eine schlechte Hirnfunktion.

Ich möchte aber anmerken, dass ich weder beeinträchtigt noch unterentwickelt bin.

Nein, ich bin grundsätzlich altersentsprechend gut entwickelt, aber man akzeptiert mich einfach nicht als frei denkende Persönlichkeit. Klar, ich hätte mich beugen und froh darüber sein können, dass ich ein neues Zuhause habe. Aber dazu brennt das Feuer des Widerstandes einfach schon zu lange.

Und Angst, dass hier unter freiem Himmel etwas passieren könnte, habe ich nicht. Im Gegenteil, ich bin beinahe beruhigt, es wecken mich nur ab und an mal neugierige Ameisen.

Ab fünf Uhr morgens werden die Vögel wieder aktiv und ich lade mich selbst ein zum Fernsehen unter den Bäumen. Später mache ich mich auf die Suche nach fließendem Wasser und erledige meine Katzenwäsche. Zähneputzen mit eisigem Wasser ist nur möglich, wenn die Zähne auch in Ordnung sind.

Frühstücken ist später geplant, vorerst befülle ich meinen Magen und die Trinkflasche nur mit Wasser. Los geht es für mich, die nicht mehr benötigten Hilfsmittel entsorge ich wieder fachgerecht.

Wie immer zu Fuß geht es raus aus dem Ort und ab Richtung Autobahnauffahrt.

Kann gut sein, dass ich so früh am Morgen einen Lkw-Fahrer treffe, der mich mitnimmt. Ich stehe nicht lange am Straßenrand, da bleibt abermals ein Wagen stehen, der mich bis zu einer Großtankstelle mitnimmt.

Dort finde ich bestimmt jemanden, der mich weiterfährt, denn dort treffen sich immer mehrere Trucker. Dieser Betrieb ist rund um die Uhr und täglich geöffnet, das ist für Leute wie mich perfekt. Man fällt bei so vielen Leuten nicht so auf, glaube ich zumindest. Ich setze mich mit einem Marsriegel und einer Limonade auf eine Leitplanke am Gelände.

Hier zwischen den Lkws beobachte ich das geschäftige Treiben. Manche machen Pause, andere schlafen in ihren kleinen, aber durchaus gemütlichen Kojen. Andere bevorzugen die Gesellschaft und sind in der Tankstelle im Bistrobereich. Eins machen aber die meisten Fahrer, sie sind fast alle mit Funk in Verbindung.

Als ich da so sitze, redet mich ein Fahrer an und fragt mich, wohin ich eigentlich wolle. Ich bin gutgläubig und beantworte die Frage, ohne zu zögern. Immerhin möchte ich weiter und dieser Typ im Mittelalter meint, dass er seine Kumpel frage.

Ich sehe mich schon am Ziel, in einem Lkw Richtung Heimat zu sitzen.

Es dauert keine halbe Stunde, als ein dunkelblauer Audi mit zwei männlichen Personen vor mir hält. Der Beifahrer steigt rasch aus und hält mir seine Dienstmarke unter die Nase. Ich bin so überrascht, dass ich den Sprung in das Gelände hinter der Leitschiene nicht wage.

Meine Flucht nimmt hier ihr unerwartetes, verflixtes Ende. Ja, und ich weiß, wem ich das zu verdanken habe. Für mich ist klar, es war dieser Lkw-Fahrer, das braucht mir keiner zu bestätigen. Und wieder bin ich von meiner Menschenkenntnis aufs Übelste enttäuscht worden.

Also das hätte ich mir nicht gedacht, ich wäre ja niemals hier stehen geblieben, so ein Scheiß. Die Beamten setzen mich auf den Rücksitz und die Türen gehen von innen sowieso nicht auf, das kenne ich und probiere es auch nicht.

Sie bemühen sich, freundlich zu sein, aber im ersten Schock ist es doch so, dass mir die Tränen über die Wange kullern. Die beiden glauben ja irgendwas und ich denke nur an meine Oma und an diese unerwartete Enttäuschung. Es geht zur nahen Polizeistation und zur Einvernahme. Ich war ja um die zehn Tage fort und nun will man wieder wissen, wo ich war.

Ich beantworte das, was ich will, und es wird alles dokumentiert. Wichtig scheint auch der Tag, an dem meine Fluchtkollegin sich selbstständig machte. Ich erfahre, dass sie wieder im Kloster sein soll, man aber noch nicht weiß, was man mit mir machen solle. Von dieser Sekte erzähle ich kein Wort, nur von meinen neuen

Freunden, den Obdachlosen. Es fällt niemandem auf, dass ich dafür eigentlich zu gepflegt unterwegs bin, aber die machen auch nur ihren Job.

Beide betonen, was für ein Glück ich habe, dass mir nichts zu gestoßen sei. Dass ich wieder wo unschuldig weggesperrt werde, stört ja keinen, am wenigsten wohl meine Erzeuger.

Nach mehreren Stunden Wartezeit und einen Dienstwechsel weiter sind nun andere Polizisten mit mir beschäftigt.

Es steht Folgendes fest: Das Kloster, in dem ich zum Schluss war, nimmt mich nicht mehr zurück. Als ich das höre, fällt ein riesiger Stein von meiner Brust, der Himmelsvater hat sich wohl meiner Wenigkeit erbarmt.

Ich bin plötzlich wieder hellwach und schon gleich viel besser gelaunt. Die Beamten selber haben damit sichtlich weniger Freude, die glaubten wohl, mich seien sie schnell wieder los. Einsperren kann man mich nicht, ich bin zum einen nicht straffällig geworden und zum anderen zu jung.

Aber mir ist auch klar, dass die Jugendfürsorge schon was finden würde. Ich werde nach einigen dringenden Telefonaten wieder in ein Dienstauto gesetzt und fortgebracht. Ich werde von den beiden neuen in ein Heim für Mädchen nach Linz gebracht, aber das wird nicht von Gläubigen betrieben.

Es ist eine vorübergehende Lösung, eine Überbrückung für alle Beteiligten. Mich fragt niemand, ich werde abgeladen wie ein Paket, eine tickende Zeitbombe. In dieser Wohngemeinschaft sind alle ältere Mädchen und sie gehen hinaus zum Lernen. Hier gibt es also das Einsperren in der Form, wie ich es kenne, nicht.

Es sind drei Wohneinheiten, die wohl von Sozialarbeitern geführt werden, aber ohne Zwänge. Hier ist alles geöffnet und die Mädchen haben sogar ihre fixen Ausgeh-Zeiten. Rauchen in der Gruppe ist in den dafür vorgesehenen Räumen erlaubt und auch die Kleidung ist modern und normal.

Es gibt keine Gebete und die Kirche müsste man schon in der Stadt aufsuchen, wenn man zu einem Gottesdienst möchte.

Hier qualmen auch die Erzieherinnen, vielleicht liegt das daran, dass sie selber noch ziemlich jung sind.

Ich werde höflich empfangen und bekomme ein kleines Zimmer, das ich alleine bewohnen kann.

Ich kann mich in der Gruppe frei bewegen und die Erzieherin erklärt mir den Tagesablauf für die kommenden Tage. Sollte ich erneut abhauen, wird mich angeblich niemand zurückhalten, aber da man mein gesamtes Geld sichergestellt hat, bin ich erledigt.

Der dumme Bulle beobachtete, wie ich meine Aufmerksamkeit meinem rechten Schuhversteck widmete. Und so fanden sie meine Kohle und die ist nun sicher verwahrt und ohne Geld ist alles sinnlos.

Das war meine Freiheit und ab jetzt wird der Wind, der mir in das Gesicht bläst, sicher rauer.

Doch das Schlimmste, was man mir angetan hat, war, dass man mich von daheim wegbrachte. Ärger oder schmerzhafter kann für mich nichts mehr werden!

Es wird mit mir hier manchmal geredet, sonst lässt man mich aber eher in Ruhe. Ich müsste ja normal in der Schule sitzen und so liege ich faul am Bett und lese halt, was ich in die Finger bekomme.

Für die anderen bin ich ein gestrandetes Mädchen, das nicht weiß, was es will. Vielleicht haben sie ja recht, vielleicht könnte ich es schaffen, mich unterzuordnen. Aber in einem Kloster ist das für mich nicht machbar, das ist eine fremde, fanatische, streng religiöse Glaubensgemeinschaft. Und der größere Anteil dieser Nonnen ist für mich verrückt. Umgekehrt bin ich das für die Nonnen, weil ich nicht mitschwimmen kann. Ich bin nicht bereit, mich einer Hirnwäsche unterziehen zu lassen, das ist mit mir nicht machbar! Woran das liegt, ist mir genauso egal wie die Frage, was man mit mir nun machen wird.

Ja, was soll man denn mit mir anstellen? Erschlagen kann man mich wohl nicht. Obwohl das die harmlosere Methode ist. Prügel gehen mal vorüber und ich hatte nur ein einziges Mal die Angst, dass ich das nicht überlebe.

Ich sagte mal zu meiner Mutter kurz vor der Scheidung, dass es ja kein Wunder sei, dass mein Stiefvater sich von so einer Hexe scheiden ließe. Danach ging es bei den Haaren gezogen den Fußboden entlanggezerrt in das Badezimmer. Die Tür wurde von ihr versperrt und ich mit einem dicken Bambusstecken bearbeitet. Schläge von oben bis unten, immer wieder. Als die Kraft ausging, duschte sie mich eiskalt ab, bis ich aufhörte, zu brüllen und zu weinen. Im Schock und nicht mehr ansprechbar, winselnd am Boden liegend, entschuldigte ich mich bei dieser Furie.

Das einzige Mal, dass ich gegen meinen Willen misshandelt und gezwungen wurde, mich zu entschuldigen. Ich war da um die dreizehn Jahre alt und der böseste Albtraum wurde wahr für mich – meine eigene Mutter!

Es kann kommen, was will. Ich bin bereit, für mich geradezustehen, aber ich werde mich nicht verbiegen lassen. Und solange mir das Heimweh die Brust zerreißt, werde ich auch nicht aufhören, das Weite zu suchen. Die liebsten Menschen mit den wohlgemeinten Ratschlägen können mich allesamt mal!

Es steht fest, ich komme in das westlichste Bundesland, in ein wunderschönes Alpenland, und der Transport ist schon morgen in der Früh. Das ist angeblich eine berüchtigte Erziehungsanstalt, ebenfalls ein Kloster, aber mit weltlichem Personal.

Es nützt kein Veto, deshalb lege ich auch keines ein, ich habe keine Alternativen mehr. Scheinbar hält man mich jetzt für kriminell oder gar gefährlich, keine Idee.

Die Überstellung übernimmt die Polizei mit einem zivilen Fahrzeug, man möchte mich diesmal persönlich abgeben. Diese Fahrt ist sehr lang und ich verbringe die gesamte Fahrzeit mit Fenster schauen und vor mich hinzuträumen.

Es folgt auf der Autobahn eine kurze Toilettenpause, klar, doch unter Beobachtung. Der Bewacher steht direkt vor der Tür, also fliegen kann ich noch nicht. Meine anderen Sachen, die ich im alten Kloster zurückgelassen habe, sind angeblich schon vor Ort und erwarten mich. Die beiden Polizisten wollen mich aufmuntern und versuchen, mich zu trösten. Dass ich so früh wieder aufgegriffen wurde, ärgert mich sehr, aber nun bin ich dem System abermals ausgeliefert!

Und wie ich nun selbst erkennen muss, greift man in die Trickkiste, um mich endlich zu unterwerfen. Ich solle das machen, was man mir vorschreibe, und mich den Regeln der römisch katholischen Kirche beugen.

Aber dazu bin ich auch jetzt nicht bereit, man hätte sich mir gegenüber anders verhalten können, so wird das nichts! Auch da, wo ich nun hingebracht werde, stehe ich unter Hochspannung, aber brechen lasse ich mich nicht.

Mir wurde viel von dieser Anstalt für die angeblich schlimmsten Mädchen, die es gibt, erzählt, aber alles darf man unter keinen Umständen glauben. Ich habe bis zum heutigen Tag nicht viele Erfahrungen im Kloster gemacht, aber diese für mich wichtige Lektion durchaus! Glaube nicht alles, was man dir erzählt, und vertraue deinem Gegenüber nicht blind. Schon gar nicht, wenn es Nonnen oder andere Geistliche sind. Jeder Einzelne von denen vertritt seine eigene Wahrnehmung, die aber wenig mit den christlichen Geboten zu tun hat.

Ich bin ja auch der fixen Meinung und Überzeugung, dass ich im Recht sei. Und so sehen das wahrscheinlich auch die Nonnen. Aber das ist mir schlicht und ergreifend egal – die können mich allesamt vergessen.

So ist das mit mir und ich werde weiter unter Hochspannung sein oder besser gesagt bleiben. Ich will, egal wo, nicht eingesperrt sein, so sieht es aus. Also werden die Unannehmlichkeiten mit mir wohl weitergehen. Zum Verlieren ist für mich nichts mehr vorhanden und auf eine glückliche Kindheit bei meinen leiblichen Eltern kann ich dankend verzichten. Wenn schon wer geistig minderbemittelt ist, so sind das für mich die beiden.

Was hat mir in den vierzehn Jahren bei dieser älteren Dame gefehlt? Nichts!

So beschäftige ich mich mit meinen eigenen Problemen und überlege mir aber schon wieder, was ich unternehmen könnte. Fix ist jetzt für mich, dass ich die Schule besuchen muss oder mit einer Ausbildung beginnen sollte.

Wir kommen am frühen Nachmittag an, und als ich das riesige gelbgraue Gebäude sehe, ahne ich Schlimmes. So stellt man sich ein Gefängnis vor, nur hat dieses hier im Vordergrund eine große, schöne Kirche.

Daneben befindet sich das Hauptgebäude, das nun mein drittes neues Zuhause wird. Die Polizei parkt in einer sehr schmalen Gasse, Gegenverkehr müsste umdrehen. Auch hier ist es so, dass das ganze Dorf eigentlich ein Kloster ist.

Ein paar unscheinbare Häuser mit schmalen Gassen und ein echt humorloser Ortsname prägen hier mein erstes Bild. Begeisterung macht sich nicht gerade breit, aber ich bin ein Teenager, der von Natur aus auch neugierig ist. Gelassen und ohne schlechtes Gewissen sehe ich optimistisch meinem neuen Zuhause entgegen.

Ich nehme meine drei Habseligkeiten und lasse mich von den Beamten in das pompöse Gebäude eskortieren.

Wir läuten, kündigen uns über die Sprechanlage an und das Tor wird geöffnet. Wieder ein großes, braunes Stahltor mit Zacken an der Oberkante. Darübersteigen geht nicht, die Flächen sind zu gerade und ohne Hilfsmittel ist man da auf verlorenem Posten.

Der Empfangsbereich ist linker Hand und dunkler als der im vorherigen Kloster, absolut unfreundlich und kalt. Auch hier ist die Pforte besetzt, aber nicht von geistlichem Personal. Ich werde gleich von einem wartenden Erzieher übernommen und flott in die Wohngruppe gebracht.

Wir passieren unzählige Gänge, ich würde heute alleine nicht mehr zurück zur Pforte finden. Die Polizei lässt sich die Übernahme dieses lebenden Pakets von der Heimleitung bestätigen. Ich bekomme den Mann überhaupt nicht zu Gesicht. Zumindest wird es bei mir noch einige Wochen dauern, bis wir uns kennenlernen.

Weite, lange, dunkle Klostergänge bringen mich in meine neue Wohngruppe im dritten Stock eines neuen Gebäudes.

Auch hier ist dieser Bau wahrscheinlich erst später bei Bedarf dazugekommen. Wen wundert das, denn Kinder wie wir, also sozial Schwache, haben auch keine Fürsprecher. Menschenrecht ist gleich Kinderrecht? Dass ich nicht lache, vom Senegal bis in die Alpenländer sind wir Kinder die Armen, ausgeliefert den oft kranken Erwachsenen.

Er öffnet die Tür und ich betrete die Wohngruppe. Aber ich habe eigentlich keine Chance, hier etwas Luft zu holen und mal anzukommen. Er geht zielstrebig weiter in sein Büro und ich falle zurück.

In der Zwischenzeit geht mich gleich ein dürres, langes Mädchen namens Maria an. Die haben bei einer Rangelei die Hydrokultur umgeschmissen und ich soll da jetzt sofort alle Kugeln zusammenkehren.

„Sofort", brüllt sie mit knallrotem Gesicht und punkähnlichen schwarzen Haaren, „sonst knallt es! Und hier wird dir niemand helfen." Vor mir am Boden nicht nur eine Unmenge an Kugeln, Grünpflanzen und Erde, daneben auch eine blecherne Schaufel und ein kleiner Besen.

In Bruchteilen von Sekunden treffe ich eine Entscheidung und bemerke nur in den Augenwinkeln, dass ich beobachtet werde. Ich greife rasch zur Schaufel aus Blech, nehme sie in die Hand und gehe schnell auf mein unfreundliches Gegenüber zu.

Jetzt schlage ich ihr die Schaufel voll auf den Kopf, lasse diese dann fallen und erkläre ihr, dass sie diesen Saustall selbst aufräumen wird.

Ich gehe unbeeindruckt weiter und mittlerweile sind alle Mädchen da und glotzen mich entsetzt an. Das Theater hat auch unser Erzieher mitbekommen, er kommt heraus und ist sichtlich überrascht. Beim Versuch, mich festzuhalten, schaut er verwundert – er schafft es nicht, ich verdrehe ihm sofort seine Hand.

Er lässt schnell von mir ab und schleicht sich in sein Büro zurück, wo ich kurze Zeit später auch eintreffe.

Der heißt wie eine Limo, er nennt sich Cola, also schon ein wenig eigenartig, finde ich. Er ist dünn und lang und hat unzählige kurze, lockige Haare, aber ein freundliches Gesicht. Er ist ein Mischling, denn seine Haut ist das ganze Jahr auch ohne Sommer schön braun.

Ein Neuzugang wie ich sei hier immer mit Ärger verbunden, die Mädchen machten dann auf unterschiedliche Art auf sich aufmerksam. Niemand wolle hier, dass wieder wer kommt, und unter dem Schuljahr sei das auch nicht so einfach, meint er.

Den Schwachsinn, den er mir da erzählt, glaube ich ohnehin nicht. Ich erkläre ihm, dass ich mich von niemandem angreifen lassen, ohne mich zu verteidigen. Das bedeute ganz klar, dass ich hier nicht die Opferrolle einnehmen werde.

Ich bin zuvor in zwei Klöstern und in einem Heim für Jugendliche gewesen. Aber diese Aggressionen hat es nie gegeben, etwas liegt hier im Argen, ich kann es fühlen! Hier stimmt etwas nicht und meine Sinne sind in Alarmbereitschaft.

In dieser Nacht komme ich wieder in ein Dreibettzimmer und bin das erste Mal meiner leiblichen Oma dankbar für meine Rancherausbildung. Der Umstand, dass ich sehr stark und kampfbereit bin, haben mir heute aus dieser Scheiße geholfen.

Nachdem ich meine Sachen in einem kleinen Kasten verstaut habe, liege ich angezogen und wieder traurig am Bett. Ich blicke aber durch ein unvergittertes Fenster. Dass die Gitter fehlen, macht mich aber nicht weniger enttäuscht. Denn ich bin da in einer Höhe untergebracht, die als Fluchtweg nicht infrage kommt. Man kann die Fenster ohne Probleme öffnen und runterschauen und unten sieht man dann die Betonfront, an der man aufkommt, wenn man es nicht runter schafft.

Zwei andere teilen sich das Zimmer mit mir, sind aber im Moment nicht da, das bedeutet, ich kann in Ruhe trauern.

Cola, der heute den Nachtdienst hat, kommt rein und möchte mir die Gruppe genauer zeigen, damit ich mich besser auskenne. Er meint, das seien die Probleme am Anfang und dass erst morgen entschieden werde, in was für eine Gruppe ich komme wegen der Schule.

Da ich bis jetzt keine Nonne zu Gesicht bekam, frage ich nach, ob es hier überhaupt Geistliche gebe. Ja, und am Tag würde ich laufend mit ihnen zu tun haben, denn auch dieses Kloster betrieben die Franziskaner. Nur seien bei der Betreuung der schwirigen Teenager auch weltliche Sozialarbeiter angestellt. Über Nacht sei immer eine Gruppe mit jemandem besetzt, sodass es nicht zu gröberen Raufereien oder Schlimmerem kommen könne.

Über das aber, was sich am Vorabend genau in dieser Gruppe abspielte, erzählt er mir kein Wort. Das erfahre ich von den neuen Mädchen, die mit mir in Zukunft werden auskommen müssen.

Den Eingangsbereich in die Gruppe kenne ich ja nun schon sehr gut. Der lange Gang führt direkt in das große Badezimmer mit sechs Duschen und sechs Waschbecken und Toiletten, alles sehr gepflegt.

Davor linker Hand befindet sich ein riesiger Raum, um die dreißig Quadratmeter mit einer nach Westen ausgerichteten Küchenzeile. Anschließend zwei kleinere Sitzecken, in denen man gemütlich essen kann. Auch hier wird am Wochenende selbst gekocht.

Der Rest des Raumes hat eine Wohnlandschaft zum gemütlichen Sitzen gegenüber eine Fernsehecke, dahinter Bücherregale und noch eine Sitzecke auf der Frontseite. Dieser Raum ist der, in dem die meisten Mädchen immer sind. Hier trifft man sich und spielt oder macht Hausaufgaben. Oder hängt nur gemeinsam ab, wie wir es oft machen. Da treffe ich Maria wieder und sie sieht mich nicht gerade erfreut an. Aber sie lässt mich in Frieden, keine blöden Bemerkungen. Ich würde mich keinesfalls entschuldigen und es wird auch nicht verlangt, man vergisst diese Meinungsverschiedenheit.

Cola erklärte mir, dass danach ein anderes Mädchen aus dem Zimmer von Maria alles aufgeräumt habe. Die Hexe ist hier die Anführerin oder so, alles tanzt nach ihrer Pfeife.

Wir schreiten nun den Gang rechts hinauf. Diese Dreibettzimmer sind alle südlich ausgerichtet und es gibt vier Zimmer, alle mit Fensterseite.

Über den Gang sieht man in einen kleinen, begrünten Innenhof, der früher eine zentrale Rolle im Klosterleben hatte, es war eine kleine Begegnungsstätte.

Vor dem Badezimmer gegenüber dem Gemeinschaftsraum gibt es ein kleines Büro, das immer für unsere Anliegen geöffnet ist. Mit einem Wort, es ist immer wer da. Es sieht aus wie alle anderen Büros auch. Ein Aktenschrank, ein größerer Schreibtisch mit Telefon, davor zwei Sessel und noch ein Kasten mit anschließender Kommode. Darauf stehen ein Wasserkrug, eine Saftflasche und einige Trinkgläser.

Hier sieht man aber wenig Bilder und Blumen schon gar nicht. Wenn man in die Gruppe reinkommt, ist gleich noch ein Zimmer für Mädchen auf der linken Seite mit vier Betten und in einem davon liegt besagtes Mädchen mit dem Namen Maria. Dieses Zimmer ist das geräumigste und hat drei Fenster. Man sieht auf dieser Seite den Sonnenaufgang und man blickt auch raus aus dem Kloster.

Auf unserer Seite ist das nicht so, ich sehe nur Grünfläche mit Beton und unter den Fenstern eine große, beeindruckende, gerade, dicke Mauer.

Man muss sich bitte vorstellen, dass es vor zwei Jahrzehnten den Nonnen nicht mal erlaubt war, sich während des Spaziergangs zu unterhalten.

Rund herum ein paar Bäume und große Ackerflächen hinter der Mauer, so weit man sieht.

Der Erzieher kommt in den Wohnzimmer-Raum und bittet mich in das Büro. Natürlich gehe ich hin, setze mich ihm gegenüber und frage, was er den wolle.

Sein blödes Dahingrinsen, als sei er ein Clown, geht mir auf die Nerven, echt, der ist beschränkt. Normal gehen kann er auch nicht, schleicht da hinaus, als würden die Füße nicht zum Oberkörper gehören.

Das Allergeilste ist aber seine Bekleidung, grobe Cordhose mit Hemd und darüber ein gestreift gemusterter, viel zu enger, ärmelloser Pullover, und immer die Hände in der Hosentasche.

Wir sind nun endlich bei mir angekommen. Er fragt mich ernsthaft, was ich denn wolle.

Im ersten Augenblick denke ich, dass ich schlecht höre, aber nein, er ist bemüht, mich zu verstehen.

Und ich sage erneut, dass ich heim möchte, dass ich hier nicht hergehöre und unter Heimweh leide. Er sieht mich an und erklärt mir, dass es für mich nicht mehr möglich sei, heimzukommen. Es wurde beschlossen, dass ich bis zu meiner Volljährigkeit hierbleibe – vom Amt und von meinen leiblichen Eltern auf ausdrücklichen Wunsch. Und dass das Kloster nichts damit zu tun habe, ich müsse nun endlich bereit sein zu lernen. So gehe das nicht, zu leben, wie ich mir das so vorstelle. Nämlich herumzigeunern und mich unbewusst oder, schlimmer noch, bewusst Gefahren auszusetzen.

Ich bedanke mich für die Aufklärung und gehe zurück in das Wohnzimmer, wo ich mich bei den dort Anwesenden vorstelle. Ich bemerke nicht, dass Cola hinter mir unter den Türrahmen steht und mir zuhört. Aus meinem Bundesland bin nur ich da und mein Ruf ist mir vorausgeeilt.

Maria vermeidet es, mich anzusehen, sitzt frech auf dem Fensterbrett und hört nur zu.

Ich stelle mich mit Alter und Anzahl von Geschwistern und Schulstufe und der Tatsache vor, dass ich nun wieder Nichtraucherin sei. Ich nenne meine Hobbys und die Dinge, die ich überhaupt nicht mag oder nicht kann. Und dass ich ungewöhnlich heikel in Bezug auf Essen und schon gespannt sei, was es hier so alles gebe.

Auch hier kocht für uns die Klosterküche und das meiste ist Dampfkost. Die Semmelknödel könnte man bestens als Kleber benützen, sie bleiben an der Wand haften. Klar habe ich das mit meinen probiert. Im Übrigen bin ich in einem Knödel-Bundesland gelandet.

Der klare Nachteil dieser Kost: die Menge an billigen Kohlenhydraten. Die marschieren einem gerade auf die Hüften und lagern sich in Form von Fett ab.

Das fehlt mir da auch, die Möglichkeit zur Bewegung, alles schon sehr gefängnisartig. Die gibt es außerhalb der Mauer für mich nicht mehr, auch nicht in Begleitung, hier kann keiner raus. Und es gibt hier weder ein Hallenbad noch ein Fitnessraum, der zur Verfügung steht.

Eine kleine Turnhalle gibt es irgendwo in der Nähe meiner neuen Haushaltungsschule, die ich alsbald besuchen werde. Meine Begeisterung dafür hält sich allerdings in Grenzen.

Hier lerne ich das Kochen und Putzen und dann noch das Backen wie in Bäckereien sowie die Fremdsprache Englisch. Den Unterricht geben ausschließlich die disziplinierten, durchaus klugen Nonnen.

Es gibt da noch die Möglichkeit, in der Küche den Beruf einer Köchin zu lernen, kommt für mich aber gar nicht infrage, das mag ich nicht. Dazu fehlt mir eine gewisse Leidenschaft, ich weiß gar nicht, ob das überhaupt möglich wäre, egal. Nicht mal mein Liebling konnte mich dafür begeistern, ich sah lieber zu.

Und wie in jedem Kloster gibt es hier eine Schneiderei, in der ich den Beruf einer Damenkleidermacherin lernen könnte. Auch das entspricht nicht meinen Neigungen, also bleibt nur die Schule übrig.

Neu in diesem Hause gibt es eine chemische Reinigung, die von einer weltlichen Frau geführt wird. Sie lebt auch in den Räumlichkeiten des Klosters mit ihrer kleinen Familie, sie hat einen Sohn.

Diese besagte Dame würde ich bald kennenlernen, aber ich bin informiert. Sie ist um die fünfzig Jahre alt und steht angeblich auf Mädchen in unserem knusprigen Alter, also ist sie lesbisch und ich stehe auf Jungs. Solange ich mit ihr nicht zusammen sein muss, ist es mir egal, was wer für Neigungen hat.

Das ist hier ohnehin ein wenig anders, als ich es gewöhnt bin, hier ist Sexualität noch ein Thema.

Den Nonnen gehört zwar dieses Kloster hier, aber in erster Linie wird es von weltlichen Personen geführt und auch geleitet. Die Nonnen mit ihren Gebeten und christlichen Werten rücken hier deutlich in den Hintergrund.

Obwohl wir alle gemeinsam unter diesem geräumigen Dach wohnen, ist man bemüht, uns in Ruhe zu lassen. Das heißt für uns, nicht täglich zum Kirchgang, einmal die Woche am Sonntag genügt. Die heilige Messe ist aber dann verpflichtend, außer man ist so krank, dass man kriechen müsste. Darauf wird wegen der vielen Sünden, die sich hier ansammeln, bestanden. Und ich kann Ihnen sagen, ich bin da im Abgrund der menschlichen Seele gelandet, denn was ich hier schrittweise erfahre, schockiert auch mich.

Ich gewöhne mich immer schneller ein und kann mich blitzschnell in einer anderen Umgebung zurechtfinden. Ich dränge mich aber nicht auf, das bedeutet, ich warte, bis jemand sich mit mir unterhalten will. Die neuen Mädchen, jede mit eigener Persönlichkeit, das alles dauert natürlich. Ich bin ja hier einfach aufgekreuzt, man muss erst Vertrauen gewinnen.

Nach den anfänglichen Startschwierigkeiten hat sich die Situation beruhigt und so lerne ich am nächsten Tag auch Sylvia kennen. Sie ist als Schneiderin in der Lehre und vom Aussehen her alles andere als hübsch. Die Figur ist gedrungen, die Haare sind mit einer Naturkrause auffällig genug und sie pflegt sich scheinbar wenig bis kaum. Auf gutes Aussehen legt sie gar keinen Wert, ich finde das schon eigenartig in unserem Alter, sie ist da eine Ausnahme. Aber sie ist höflich und nett und macht auf mich einen freundlichen Eindruck.

Nach dem Frühstück verziehen wir uns auf ein Gespräch beim Gang, gleich im Eingangsbereich.

Da stehen wir beide am geöffneten Fenster, sehen so in den Innenhof und sie erzählt mir alles, was ich wissen muss. Ich werde stumm und höre mit meinen fünf Sinnen genau zu. Ich sauge jedes Wort in mir auf, denn abends im Bett werde ich darüber noch lange nachdenken.

Am Abend vor meiner Ankunft hat sich wieder ein Mädchen, das dieses Bett bewohnte, beim Fluchtversuch beinahe selbst getötet. Sie hat Leintücher aneinandergebunden und versucht, sich abzuseilen, und dabei kam es zu diesem verhängnisvollem Unglück. Man weiß nur, dass sie schwer verletzt wurde und nie mehr würde gehen können. Das bedeutet: ein junger Mensch im Rollstuhl!

Sylvia blickt mich mit ihren traurigen Augen an und meint, das sei ja noch gut ausgegangen. Vor wenigen Wochen beim gleichen Versuch habe ein Mädchen dieser Gruppe das nicht überlebt. Im Hinterkopf denke ich mir nur, wo bin ich denn da bitte gelandet?

Dass mein neuer Erzieher ein Mann ist, der ausschließlich auf junge Mädchen abfährt, höre ich nur noch nebenbei. Er steht auf die schmutzigen Höschen und onaniert so, dass es das Mädchen seiner Begierde sieht. Man kann mitmachen oder weggehen, aber er macht bei sich selber weiter, bis es ihm kommt. Er nennt das schmutzige Höschen Frucht und reibt sich das unter seine Nase.

Ich bin nun doch verwundert, denn das kann man nicht alles nur erfinden. So kann man sich irren, unter der harmlos wirkenden Oberfläche lauern tiefe Abgründe.

Nun ist mir aber auch klar, warum Sylvia sich so gibt und total männlich rüberkommt. Das ist eine natürliche Abschreckung mit wirkungsvoller Methode.

Ich frage sie, ob denn hier keiner Fragen stelle und was mit den anderen hier sei.

Sie meint, jeder wisse Bescheid, aber es interessiere niemanden, was hier willig oder unfreiwillig in der Nacht passiere. Es könne ja gut sein, dass die Mädchen mitmachen, weil sie sich was erwarten, ich solle aber vorsichtig sein. Denn, so meint sie, ich sei sehr hübsch und das hebe die Nachfrage. Mit einem Wort, ich kann damit rechnen, dass der vermeintliche Lustmolch es bei mir versuchen wird.

Und dieses Mädchen, das da nun so schwer verletzt im Krankenhaus liegt, war die beste Freundin von Maria, diesem Mädchen, mit dem ich eine handgreifliche Streiterei hatte.

Sylvia meint auch, dass ich absolut richtig gehandelt habe, denn sie hätte mich fertiggemacht, sie sei absolut dominant.

Wir verabschieden uns, ich bedanke mich für die Informationen und sehe mich in meiner neuen Umgebung aufmerksamer um. Jetzt kann ich das glauben oder nicht – in jedem Kloster gibt es diese Horrorgeschichten. In meinem ersten Kloster erzählte man mir von Babyleichen, die im Zuge von Maurerarbeiten im Keller gefunden worden seien.

Aber eins steht für mich fest, ich werde diesen ganzen Geschichten auf den Grund gehen, denn etwas stimmt nicht, das spürte ich beim Hereinkommen in diese Wohngruppe. Das kann niemand vorspielen. Wenn es zu solchen sexuellen Handlungen kommen sollte, würde ich das auch erfahren.

Der Tagesablauf ist hier nicht so streng wie in den anderen Häusern und auch in der Freizeit können wir im Gruppenraum fernsehen, wenn wir wollen.

Das Essen bekommen wir in die Gruppe mit einem Servierwagen gebracht. Unnötig zu erwähnen, dass ich dazu nicht mehr eingeteilt werde. Im Moment bin ich für die sanitären Anlagen, also die Dusche und das Bad sowie die Toiletten, gemeinsam mit noch einem Mädel zuständig. Jeden Morgen wird hier von uns sehr genau und für mich schon ein klein wenig übertrieben geputzt.

Diese Nassräume sind meine Leidenschaft, sie haben für mich etwas Anziehendes. Ich kann es nicht anders erklären, denn hier spielen wir bei jeder Gelegenheit Duschenrutschen. Ich muss es machen, denn ich will Spaß, endlich mal was anderes und eine unbekümmerte Zeit mit Lachen verbringen. Hallo – wir sind heranwachsende, ganz besondere Geschöpfe und auch wir schwarzen Schafe dürfen leben.

Sie kennen dieses lustige Treiben in der Dusche: ausziehen bis auf die Unterhose, noch besser wäre es nackt. Danach wird der Fliesenboden überschwemmt und ordentlich Flüssigseife drauf. Ich trage nur mein Höschen, klemme mir das aber zwischen meine Pobacken, damit ich besser rutschen kann. Und nun bewegen wir uns ungezwungen im Stehen oder sitzend, schnell oder langsam, rauf und runter, hin und her, allein oder in Gesellschaft.

Wir sind zu viert. Sylvia ist mit von der Partie sowie Monika und Loren.

Für uns Teenager Lachen ohne Ende, bis man keine Luft mehr bekommt. Feinde gibt es danach keine mehr, höchstens neugierige Mitbewohnerinnen.

Unterdessen fand ein unwichtiger Dienstwechsel statt, ich weiß nicht mal, wann das war.

Unsere Aktion bleibt unbemerkt und wir haben einen frisch gewichsten Boden, und zwar überall.

Die neue, nette Frau ist aber sowieso nur zur Stelle, wenn man was benötigt, und die Nonnen sind auch ab und an auf ein Gespräch in der Wohngruppe.

Ich sollte gleich morgen zur Schule gehen, da es nicht sinnvoll für mich ist, hier den ganzen Tag unbeschäftigt herumzulungern. Klar unterscheide ich mich da kaum von den anderen, ich mache auch nichts freiwillig. Ich liege lesend oder träumend im Bett und schalte ab und an mal das Kopfkino ein.

Aber ich bin achtsam und vorsichtig mit meinen persönlichen Sachen und mit der Grundpflege bei mir. Hier darf ich täglich duschen und einige Mädchen handhaben das auch so. Mit meiner Ankunft sprechen wir nun von einem regelrechten Duschmarathon.

Mir fehlen nun schon die ersten drei oder vier Schulwochen, keine Ahnung. Das bedeutet für mich, dass ich zu Beginn mit Sicherheit keine Zeit für Dummheiten habe, vorerst halt nicht.

Das Coole bei einem Schulstart ist hier, alles wird von anderen besorgt.

Deshalb werde ich nun in das Büro gerufen und hier steht die mir unbekannte Erzieherin, die mich freundlich anlächelt und begrüßt. Ihr Ruf hier in der Gruppe ist auch normal, sie ist eine ganz gemütliche Person und ich kann sagen, auch auf mich macht sie diesen Eindruck.

Sie ist brünett und etwas mollig, aber dafür eben nicht so aufdringlich wie ihr männlicher Kollege. Als ich sie so beobachte, wie sie in meine Plastiktüten sieht, ob auch alles da ist, was ich brauche, frage ich mich, ob sie überhaupt weiß, was sich hier abspielt, und ob ihr vielleicht was aufgefallen ist. Noch möchte ich sie nicht darauf ansprechen, denn ich will mal sehen, wie es nun weitergeht. Ich bedanke mich höflichst, nehme meine neuen Schulsachen und die Bücher und will in mein Zimmer zurück. Da hält sie mich kurz an der Schulter fest und sagt, sie wünsche mir, dass ich nun endlich bereit sei, etwas zu leisten, und dass es hier, wenn man sich benehme, durchaus erträglich sei.

Schon will ich sie fragen, ob sie das auch so meine, wie sie es eben sagte, oder ob das der Standardsatz für Neue sei. Aber ich beiße mir auf die Zunge und schlucke meine Frage hinunter. Ich erkläre ihr, dass ich mich erst mal eingewöhnen müsse, der erste Eindruck mir aber doch zu denken gegeben habe. Weiter behauptet sie, dass es eben Zöglinge gebe, denen man nicht helfen könne, weil die sich einfach nicht helfen lassen möchten. Und ich solle zusehen, dass ich nicht zu diesem – angeblich geringeren – Teil gehöre.

Ich lächle sie an. Wenn es für mich hier einen Lichtblick gibt, ist es vielleicht sie. Aber ich verlasse dieses Büro ohne ein Versprechen, das lehne ich fortan kategorisch ab, denn Erwachsene haben eine andere Wahrnehmung und Wahrheit als wir jugendlichen Teenager. Ich habe bis jetzt erstaunlich wenig gelernt, aber das weiß ich inzwischen genau.

Und ich kann lügen, dass man es nicht bemerkt, keine Chance – auch das von den Pinguinen abgeschaut und gelernt. Ich mache nur das, was man mir vorlebt oder vorzeigt.

Das Schräge daran, ich bin krank und alle anderen sind weitgehend normal, das ist ja echt lustig. Aber ich bin schwach und habe keine eigene Meinung zu haben und genau dafür mache ich meine Eltern verantwortlich. Weil die mich als Ballast sehen, freundlich formuliert, deshalb bin ich überhaupt erst hierhergekommen. Und das brachte mich in diese Situation. Ich komme von hier auf legalem Weg nicht raus, das steht fest. Abgesehen davon, dass man mich hier so lange behalten kann, bis ich eine Ausbildung absolviert habe. Und das wäre auch möglich, wenn ich älter als 18 bin. Eine drohende Katastrophe, ich muss hier unter schlechten Umständen mit Jahren rechnen!

Und trotzdem bin ich froh, dass man hier ehrlich zu mir ist. So ist mir klar, wo ich nun stehe. In meinem Fall würde das satte drei Jahre bedeuten, ich kann mir das nicht mal vorstellen.

So vergeht auch dieser Tag im gewohnten Rhythmus und mit viel weniger Bewegungsfreiheit als bisher. Es gibt nur die Möglichkeit, im Garten einige Runden zu drehen. So wie im vorigen Kloster gemeinsame Spaziergänge auch außerhalb der dicken Mauern gibt es hier überhaupt nicht.

Im Erdgeschoss ist die Freigängergrube, hier kommt man einige Monate vor der eigentlichen Entlassung hin. Dort wird dann der Alltag in der wiedergewonnenen Freiheit trainiert. Das finde ich toll, aber dass ich mal in diese Gruppe komme, glaube ich halt nicht.

Mal sehen, die Nacht ist schneller vorbei, als ich dachte, und mit dem Sonnenaufgang bin ich munter. Mein Bett steht ja ganz hinten im Zimmer, und wenn ich mich aufsetze, kann ich beim Fenster hinausschauen. Der Ausblick ist frei und nicht eingeschränkt von irgendwelchen Fenstergittern und doch bin ich mehr eingesperrt, als ich es bis jetzt war.

Mir ist schrittweise klar geworden, wo ich mich nun befinde, und ich weiß auch, dass ich daran mit verantwortlich bin. Vielleicht schmerzt es deshalb umso mehr, vor allem die Gewissheit, dass ich meine Oma über Jahre nicht mehr sehen werde.

Noch kann ich sie jederzeit zu mir holen wie ein Foto, so klar und deutlich sind meine Erinnerungen. Sie ist der einzige

Mensch, der mich nie enttäuschte, nicht einen Tag in meinem unerwünschten Dasein.

Tagwache und ich sitze mit entmutigten Augen vorm Fenster, schlürfe in meine Patschen und klemme mir meine Kulturtasche unter die Achseln. In der Früh ist man mal schneller, mal langsamer, aber um das Gesicht zusammenzuräumen, brauchen wir nicht allzu lange. Danach ab zum Frühstück, das schon von drei Mädchen serviert wird. Gemeinsames Frühstück und danach macht jeder seinen Arbeitsauftrag. Da hängt ein Wochenplan in der Küche am Schwarzen Brett und da bin auch ich schon eingeplant.

Also reinigen wir flott, aber gründlich die Nassräume und machen uns danach startklar für die Schule.

Vor der Gruppe noch einmal gemeinsames Sammeln und dann geht jedes Mädchen da hin, wo es hin soll.

Ich laufe mit drei Mädchen von meiner Gruppe mit, auch sie besuchen diese Klasse. Die Gruppen sind tagsüber geöffnet, nur über Nacht wird abgeschlossen. Und bei der Pforte kommt man ohnehin nicht unbemerkt vorbei, das ist unmöglich, immer ist wer da.

Auch die Klasse, die ich besuchen soll, ist im gleichen Stockwerk. Meine Hoffnung, einen kleinen Teil des Gebäudes kennenzulernen, ist also auch dahin, nur vorerst hoffentlich. Ich werde Sylvia am Nachmittag fragen, ob die auf mich aufpassen oder so.

Ich werde von der Klassenlehrerin, die ja eine Nonne ist, vorgestellt. Sie ist bereits älter und nicht gerade mit netten Gesichtszügen ausgestattet und schaut mich immer wieder an.

Klar, dass ich die letzte Bank hinten allein zugeteilt bekomme und die Hausattraktion bin. Mich stört das weniger als die Lehrerin. Das geht so lange, bis sie mich eindringlich auffordert, mich selbst vorzustellen. Meine künftigen Mitschülerinnen sehen mich alle gespannt an und warten ungeduldig darauf, was ich sage.

Ich nenne das gelebte Solidarität, da könnten sich die Erwachsenen was abschauen. Wir kennen uns kaum und man ist mir gegenüber gänzlich unbefangen, das ist Balsam für meine verwundete Seele.

Ja, ich bin bereits angeschossen, und zwar mitten ins Herz. Und ja, es tut manchmal weh, aber Gott sei Dank nicht immer! Ich genieße diese ersten faden Unterrichtsstunden aber trotzdem. Allerdings darf ich anmerken, dass es mir unwichtig erscheint, aus was Waschmittel hergestellt wird.

Haushaltsführung ist für uns in der Hauswirtschaftsschule ein Hauptfach. Mich begeistert das alles nicht und die Unterrichtsvorführung ist auch öde.

Die Nonne ist klar der Klassenvorstand und teilt sich die gesamten Lerneinheiten mit drei älteren Kolleginnen. Ich bin in der ersten Klasse dieser vier- oder fünfjährigen Schule. Doch so weit will ich nicht denken, ich habe ja gar keine Vorstellung, wie lange ich es hier aushalten werde. Aber ich habe vor, das mal eine Zeit hier durchzustehen. Ohne Geld in der Tasche ist an einen Fluchtversuch sowieso nicht zu denken, das ist ja logisch. Und da ich derzeit pleite bin, werde ich mal guten Willens mitmachen.

Außerdem möchte ich wissen, was es mit unserer Flasche, dem Erzieher, so auf sich hat, ich bin neugierig. Die ersten sechs, wenig interessanten Stunden sind vorüber und ich habe danach beim Klassenvorstand eine Unterredung. Es gilt für mich, einiges aufzuholen, das war mir bewusst, und sie sieht meine Unterlagen durch und wird mich alsbald informieren, was ich nacharbeiten sollte.

Auch hier gibt es eine Beurteilung, und um dieses Jahr positiv zu beenden, wird, egal, ob ich das kochen will oder nicht, doch einiges verlangt. Die kommenden Wochen habe ich vor, mich etwas in meine Unterlagen zu vertiefen und zu sehen, was ich schaffen kann.

Andere Möglichkeiten sind derzeit nicht in Sicht für mich und eine Fluchtmöglichkeit gibt es definitiv auch nicht. Also auf und durch, aber doch mit einigen Späßchen, den Luxus gönne ich mir. Man kann mich vielleicht erfolgreich einsperren, aber den Humor lasse ich mir nicht nehmen. Und ich werde mein Möglichstes dafür tun, dass man meine Kindheit und meine gesunde Entwicklung nicht beschneiden kann.

Geistig wird es auch hier schwirig werden, mich total zu beherrschen oder mich zu bekehren. Das wird eher nicht klappen, egal, was man vorhaben sollte.

Da ich mich hier eben nur in einem gewissen Rahmen bewegen darf, habe ich mir auch da was einfallen lassen. Die Tatsache, dass ich von geringer Körpergröße bin, hat nicht nur Vorteile. Ich muss beim Essen ziemlich achtgeben, sonst sehe ich gleich mollig aus und wer will das schon. Also mache ich Turnübungen und laufe, wenn wir in den Garten gehen, unzählige Runden im Kreis. Im Zimmer mache ich Turnübungen, die wir alle von den normalen Turnstunden in der Schule kennen – oder von Ilse Buck. Die war in meiner Kinderzeit sogar im Fernsehen, um träge Erwachsene zu motivieren, eine herrliche Erfindung!

Im Kloster sehen Turnstunden aber wieder anders aus, die Standardausrüstung ist eine Pfeife. Die Nonnen selber können wegen ihrer Bekleidung nicht mitmachen, auch bei den Ballspielen nicht.

Völkerball ist bei uns einmal die Woche das Standardprogramm, da will man uns etwas auspowern. Ich trainiere drei Mal die Woche im Zimmer und springe Seil, bis ich ordentlich verschwitzt bin. Danach geht es ab unter die Dusche. Und wenn es dann auch noch passt, ziehen wir das neue Gesellschaftsspiel Duschenrutschen durch. Aber nicht, wenn Cola im Dienst ist, denn dann heißt es, haltet euer Höschen fest.

Nach dem Unterricht muss ich wieder in die Gruppe, wo um die Mittagzeit gegessen wird.

Unsere Lehrmädchen kommen immer erst später. Und ich darf mich aus der Gruppe nur hinausbewegen, wenn ich um Erlaubnis frage, und klar bekomme ich dann auch jemanden mitgeschickt. Hier ist es so, dass ich vorerst nicht im Gebäude herumspionieren kann. Es gibt mir gegenüber kein Vertrauen und ja, das ist ja gerechtfertigt. Ich weiß ja selber, was ich für Albtraum für alle Erzieher und Nonnen bin, eben eine richtige Kröte.

Zum Essen gibt es hier so viel, dass ich nie hungrig vom Tisch aufstehen muss. Aber gute Küche ist das nicht, und wenn Süßspeisen auf den Tisch kommen, lasse ich lieber die Finger davon.

Ich bin klein, aber wie die meisten Mädchen in meinem Alter absolut figurbewusst.

Ein gutes Körpergefühl ist mir besonders wichtig und ich bin durchaus ein wenig eitel! Aber hier im Gefangenenhaus für Mädchen verzichte ich auf das Schminken. Da kann man mir meine Jugendlichkeit ruhig ansehen und zu toll aussehen, will ich auch nicht.

Ich habe keinen Bock auf diesen Cola, der scheinbar in einer Mottenkiste lebt. Zumindest erinnert seine Bekleidung eher an Denkmalschutz als an Mode. Echt hammermäßig, wie der immer rumläuft, und überhaupt bin ich stark verwundert, was seine Person betrifft. Ich bin auf jeden Fall nicht sein Typ, denn er weicht mir eher aus, als dass er Kontakt zu mir sucht. Wenn das stimmt, was Sylvia erzählt, und ein Teil davon wird schon stimmen, würde mir diese Scheiße ja noch gerade fehlen!

Sylvia ist unterdessen zu meiner besten Freundin hier mutiert und der Rest nimmt langsam, aber beständig Kontakt zu mir auf. Am Wochenende ist es so, dass wir selbst kochen, und dafür muss eingekauft werden. Der Menüplan steht, und nachdem wir uns endlich einig sind, das ist bei fünfzehn Mädchen auch nicht so schnell, schreiben wir die Zutatenliste gemeinsam auf. Den Einkauf übernimmt dann die Gruppennonne oder die Erzieherinnen, keine Ahnung, wer.

Ich bin nun also in der Schule körperlich angekommen, geistig wird es wahrscheinlich noch einwenig dauern. In die Gruppe bin ich aber schon integriert und alle sind gleichermaßen nett zu mir.

Plötzlich heißt es, ich müsse zur Heimleitung, ich werde erwartet und ja, die Erzieherin begleitet mich hinunter. Ich wundere mich, wie ich den Höhenunterschied überhaupt aushalte, seit meiner Ankunft war ich nicht mehr im Parterre.

Trotzdem versuche ich, mir die vielen Gänge genau einzuprägen, denn ich will ja wissen, wo wir hier eingesperrt sind. Ich frage immer wieder und ja, mir wird genau erklärt, wo was ist. Komisch ist aber, dass ich mir von den ganzen Informationen nur merke, wie man in die Kirche kommt. Manchmal ist es durchaus so, dass ich mich über mich selbst wundere.

In einem kleinen, wieder dunklen Gang gleich neben der Pforte liegt ein unscheinbares Büro. Davor ein Messingschild mit der Information „Heimleitung". Diese Heimleitung ist scheinbar ohne Namen, denn da steht keiner drauf. Egal, da man auf mich wartet, trete ich ein, nachdem ich angeklopft habe. Meine Begleiterin wartet im Bereich der Pforte auf meine Rückkehr.

Eine raue Männerstimme meint knapp: „Komm doch herein, ich bin der Herr Sowieso und führe dieses Haus."

Weiters ist er froh, mich mal sehen zu können, er hatte die letzten Tage viel Arbeit und damit verbunden nur wenig Zeit. Über meinen Akt möchte er sich mit mir nicht unterhalten, er will mich nur willkommen heißen und begrüßen.

Schön, ich setze mich diesmal ungefragt auf den Sessel und beobachte mein Gegenüber. Er macht einen durchaus gepflegten Eindruck, trägt einen ordentlichen Anzug und sieht halt aus wie ein gewöhnlicher Mann im mittleren Alter. Gefallen würde er mir aber nicht, also ich finde ihn nicht besonders hübsch. Gehört habe ich ja auch von ihm, aber es schien mir nicht so wichtig, deshalb habe ich mir auch kaum was gemerkt. Ich hatte ja keinen Kontakt zu ihm, also für mich eher unwichtig.

Ja, aber ich bin sehr zuvorkommend und immer höflich. So bedanke ich mich bei ihm und möchte mich wieder verabschieden, als er mir Folgendes mitteilt. Es ist ja so, dass meine leibliche Mutter die Obsorge schon längere Zeit abgegeben hat und die Fürsorgepflicht für mich nun ausnahmslos beim Jugendamt liegt. Für mich wird das in weiterer Folge bedeuten, ich muss hier eine Ausbildung machen und bis zu meiner Volljährigkeit oder länger bleiben.

Kontakte zu meinem Stiefvater sowie zu meiner geliebten Oma wird es nicht geben, das wird mir nochmals eindrücklich untersagt. Es ist aber so, dass er mir erlauben wird, dass ich ab und an mal telefonieren kann. Er möchte kein Monster sein und doch sei man verpflichtet, sich an die Ämter zu halten. Und angeblich ist es so, dass meine leiblichen Eltern es mit Nachdruck verlangt haben. Ferien wird es für mich draußen nicht mehr geben.

Ich werde das ganze Jahr hierbleiben und man wird mich mit Arbeit beschäftigen. An eine Ausnahme sei nicht zu denken, aber das sei bei fast allen Mädchen gleich. Sollte ich mich aber endlich bereit erklären, mal mitzumachen und zu lernen, würde ich mich hier gut einleben. Klar sei aber auch, dass hier für mich Schluss mit lustig ist.

Das hätte er nicht zwingend noch mal betonen müssen, mir ist schon sehr klar, wo ich da gelandet bin.

Er wünscht mir aber doch noch Glück und auch ich antworte, dass ich mein Bestes versuchen werde. Beim Verlassen des Büros höre ich schon das Telefon läuten und der nächste verhaltensauffällige Jugendliche macht Probleme. Das ist eine große Gemeinsamkeit, die wir ALLE haben. Es ist so, dass dieses Problem oder der damit verbundene Ärger immer von uns ausgeht!

Zurück in der Gruppe steht schon ein Mädchen im Eingangsbereich. Sie grinst wissend vor sich hin und fragt: „Warst du auch bei dem seiner Standardrede eingeladen?"

Ich flüsterte: „Klar", ging aber flott in mein Zimmer. „Mein" Zimmer darf ich gar nicht sagen, denn wir teilen uns das zu dritt, aber der hinterste Teil ist meiner.

Und das Girl, das mich im Vorraum angesprochen hat, mag ich nicht. Das verhält sich bei mir so wie bei allen anderen auch. Es gibt Leute, mit denen mag ich nur das Notwendigste zu tun haben, sie ist eine von ihnen. Weiters ist sie aber auch meine sonst so ruhige, unauffällige Zimmernachbarin, die aber immer und überall Bescheid wissen muss. Sie sieht harmlos und total unauffällig aus und ist auch in der Schulgruppe. In dieser Gruppe ist es so, dass der überwiegende Teil der Mädchen älter ist als ich und dass die meisten hier schon in der Ausbildung sind.

Gehorsam und Disziplin mit einem klaren Tagesablauf, aber trotzdem mehr Freizeit, weil die täglichen Kirchengänge entfallen. Dieses für mich sinnlose Dahinrattern von Gebeten, die ich bereits alle auswendig kann, wird die Welt wohl auch nicht gerechter machen! Für uns mit Gewissheit mal nicht, denn wir sind ein Endprodukt, das man nicht benötigt. Unsere Arbeitskraft, ja, auch die Anwesenheit dienen einzig und allein zur Erhaltung der Institution. Wie kann sich denn die Kirche dieses riesige Gebäude und den Betrieb sonst leisten? Mit den Spenden und den Almosen, die hier wöchentlich im Opferstock und im Klingelbeutel des Pfarrers landen, bestimmt nicht.

Dafür sind die Gebäude viel zu pompös für mich, denn ich bin ein Schlumpf und der Personalaufwand zu aufwendig. Der überwiegende Teil wird mit uns erwirtschaftet, dazu benötigt man keine Matura. Einmal hier gelandet ist man ihnen wohl ausgeliefert, denn es müsste ein Wunder geschehen, anders komme ich hier nicht weg.

Die Woche vergeht und ich bin schon fleißig am Lernen von all dem, was ich versäumt habe. Bei meiner Klassennonne bin ich sehr beliebt, denn ich bin im Aufarbeiten ihrer Themen schnell und gut drauf. Wenn ich mich interessiere, merke ich mir die Inhalte sehr schnell, was für mich auch zu einem geringeren Zeitaufwand führt. In weiterer Folge zu mehr Blödsinn, denn daran erfreue ich mich immer wieder aufs Neue.

An meinen Schreibtisch herrscht aber das für mich normale Chaos, die Erzieherinnen sehen das naturgemäß alle anders. Aber man ist hier etwas individueller, was bedeutet, man akzeptiert, wie ich arbeite, und lässt mich in Frieden. Gestört wird nur, wenn mal was nicht in Ordnung ist.

Erst in der dritten Woche kann ich mit der Gruppe der Mädchen, einer Erzieherin und der Nonne mit in die heilige Kirche. Natürlich vor dem Frühstück, denn der Sonntag sollte etwas Besonderes sein und bleiben, für alle von uns.

Hier demonstrieren wir die Gemeinsamkeit und Einigkeit. Wir haben da keine Bekleidungsregel, man zieht nicht immer Rock an. Ich mag nur enge, kurze Röcke, denn die weiten, langen, faltigen machen mich kürzer. So trifft man mich meist mit Kurzarmoberteil und einer Jeans. Aber da ich den Kirchenzirkus schon kenne, nehme ich einen Pullover mit, denn es könnte kalt werden.

Also mit knurrendem, irritiertem Magen in die schöne, eindrucksvolle, kleine Kirche. Dieses Gotteshaus ist älter, aber auch kleiner gebaut als das davor und der Altar und die Sitzreihen gefallen mir aufgrund ihrer Größe viel besser.

Wir sitzen rechter Hand etwas hinter den Leuten, die hier leben. Unsere Erzieherin und die Nonne nehmen auch in unserer Sitzreihe Platz.

Wir sind hier die Exoten, jede ist hier ein optisches Objckt der Begierde. Ich glaube, dass unsere Nachbarn hier nach äußerlichen Auffälligkeiten suchen. Aber bei mir gibt es nichts zu finden, und da sie das schon im gewissen Maße gewöhnt sind, werde ich nicht lange beobachtet.

Wir kommen alle über einen seitlichen Eingang in die Kirche und nicht über den Hauptgang, der von vorne hereinführt. Mit uns kommen noch vier Gruppen und auch die Freigängerinnen, also die Ältesten unter uns. Auch die müssen noch am Sonntag in die Kirche, wenn sie im Hause sind. Klar, man sollte ja auch selbstständig in der wiedergewonnenen Freiheit die Kirche besuchen, wir sind ja eine religiöse Gemeinschaft. Die Freigängerrinnen haben mit Genehmigung auch die Möglichkeit, am Wochenende draußen zu schlafen.

Da ich alle Kirchenlieder und Gebete auswendig kann, mümmele ich bei Bedarf hörbar mit. Hier haben wir Zöglinge nichts mit der Gestaltung der Messe zu tun, das heißt, die Fürbitten erledigt der Pfarrer. Die Nonnen sind hier die Ministranten und für den Rest der kirchlichen Dekoration sowie die Mitgestaltung der Messe verantwortlich.

Die Nonnen lieben es, sich aktiv in dieser Form einzubringen, und ich genieße das Zuhören. Da sind alle auf einem Haufen, für mich ist das eine Premiere, denn ich hatte dieses Vergnügen noch nicht. Und ja, ich bin verdammt neugierig, am liebsten würde ich meine Nachbarin genau befragen, wer denn wer ist. Aber ich entscheide, zumindest die kommenden Wochen nicht mit unerwünschter Kommunikation aufzufallen. Vorerst wohlgemerkt, denn demnächst werde ich mich schon genau erkundigen. Auch ich kann aus meiner Haut beim besten Willen nicht heraus.

Ehrlich gesagt möchte ich das auch nicht, denn alles in allem bin ich mit mir durchaus zufrieden. Und mir ist die Meinung anderer Leute oder pädagogischer Erzieherinnen genauso egal.

Unter ihren Gebeten schicke ich noch mein persönliches mit hinauf und hoffe, dass es vielleicht doch mal bei der richtigen Adresse ankommt! Vater unser im Himmel, dein Reich komme, mein Wille geschiehe – das wäre mein Anliegen.

Ein einziger Herzenswunsch ist zu erfüllen. Ja, schön und gut, so klingt meine Version – „Herr erbarme dich meiner!" Mein persönliches Lieblingskirchenlied ist ein Kanon. „Ich weiß, dass mein Erlöser lebt – Halleluja – Halleluja!" Meine Umformulierung gebe ich mit dritter Stimme immer dazu, aber außer irritierten Blicken bemerke ich nichts.

Ich singe lautstark, wenn ich singe, folgenden Text: Ich weiß, dass der Erlöser lebt, Halleluja, Halleluja. Die anderen singen den richtigen Text: Singet dem Herrn ein neues Lied, singet dem Herrn in allen Landen, erzählet von seiner Herrlichkeit, von seinen Wundertaten unter uns Völkern alle!

Und genau auf die besungene Wundertat hoffe ich immer wieder aufs Neue! Aus tiefstem Herzen wünsche ich mir, wieder heim zu dürfen, und wieder bin ich traurig und entmutigt. Vorerst wird mir immer mehr bewusst, wie weit ich von meinem eigentlichen Ziel entfernt bin.

Es gibt Tage, da kann ich mit dem Ganzen besser umgehen, und jetzt klappt es gar nicht, am liebsten würde ich heulen! Heimweh ist ein Scheißgefühl! Ich habe es immer wieder und ich befürchte, dass ich es nicht unterdrücken kann.

Die Kirche und der Pfarrer sind ja für so ein kleines Dorf ganz okay und er versucht in seiner Predigt, uns voll zu integrieren. Er spricht die Familien an, den Weltfrieden, die gelebte Toleranz sowie das Miteinander und er ist in seiner Ansprache für mich sehr glaubwürdig und ernsthaft. Seine Stimme trägt sich gut durch die kleine Kapelle und sein freundliches, rundes Gesicht macht ihn optisch jünger, als er eigentlich ist.

Wir sind hier zwar als Zöglinge untergebracht, aber ich muss anmerken, dass uns die Leute normal und unbefangen gegenübersitzen. Bei der Beichte gehen die Einheimischen zuerst und zum Ende hin wir. Es ist schon so, dass Hochwürden genügend Arbeit im Beichtstuhl hat. Aber es ist machbar, von

Akkordarbeit braucht er sich nicht fürchten. Vielleicht hat er gar nicht bemerkt, dass ein schwarzes Schäfchen gesellig unter den weißen hockt!

Die Messe ist wie immer bald zu Ende und wir verlassen ruhig und langsam über den Seiteneingang die Kirche. Es geht in Begleitung zügig zurück für alle Gruppen in ihren Wohnbereich.

Nun weiß ich, dass wir um die 56 Mädchen hier sind. Ich habe sie während der Messe nicht nur gezählt, sondern auch genau beobachtet und die meisten sind echt hübsch. In diesem Bundesland gibt es wirklich ganz fesche Dirndln. Ich passe hier optisch gut dazu, solange ich nicht spreche, denn dann hört man meinen erkennbaren Dialekt.

Nun gibt es für uns alle ein gutes, verdientes Frühstück, Kaffee und Tee sind zum Aufwärmen, das ist etwas komisch. Am Wochenende immer Semmeln mit Marmelade oder Leberpastete bzw. Streichwurst. Die Nonne frühstückt nicht mit uns, sie isst in der Klausur im eigenen Wohnbereich. Auch dieses Kloster ist riesig, aber mehr verschachtelt als das letzte. Immerhin kenne ich mich nun schon etwas besser aus in meinem neuen Heim.

Im Erdgeschoss befinden sich die chemische Reinigung, die Gruppe mit den Freigängerinnen, die Pforte, die Heimleitung und die Klausur der Nonnen. Im ersten Stock die Schule und die Schneiderei sowie die Küche. Die Küche kocht auch noch für ein größeres Heim in der Nähe. Dieses Heim ist wie unseres, nur werden hier Buben versperrt. Auch die Wäsche wird bei uns chemisch gereinigt.

Die anderen drei Gruppen sind im dritten Stock, ebenso der Wohnbereich der Betreiberin der Reinigung. Hier ist ausreichend Platz und so hat die Chefin der Reinigung auch noch eine eigene große Wohnung.

Die Tage schleichen dahin und ich bin entweder allein in der Gruppe und halte meine Nase über ein Buch oder ich bin mit drei, vier Mädchen dieser Gruppe zusammen. Wir verstehen uns prima. Ich mag ihren eigentümlichen Dialekt sehr gern, denn es sind Wörter dabei, die ich erst nach einigen Malen verstehe, total lustig für mich.

Es ist der unwichtige Kirchensonntag beinahe schon vorüber, als Folgendes passiert: Nach dem Dienstwechsel übernimmt Cola schlecht gelaunt den Nachtdienst. Da macht er nicht mehr als die anderen, die Tür wird über die Nacht versperrt.

Plötzlich höre ich ein Geschrei und bemerke kollektive Unruhe. Alle stehen herum und wollen in das Zimmer von Maria hinein. Die sitzt auf der Fensterbank bei geöffnetem Fenster. Sie trinkt in einem Zug Möbelpolitur und versucht, sich so umzubringen. Ich überlege überhaupt nicht, verschaffe mir Zutritt und zerre sie runter und am Kragen in das Badezimmer.

Über den Toilettensitz gebeugt schiebe ich ihr meinen Finger tief in den Rachen, ich möchte sie zum Kotzen bringen. Bei dieser Aktion bin ich bestimmt nicht zärtlich, aber sie bricht auch nicht so, wie ich es mir dachte.

Während ich das mache, schreie ich die anderen an. Ich verlange von denen ein Glas lauwarmes Wasser mit Salz zum Einflößen. Ich will nicht dabei sein, wenn wieder ein Mädchen einen fatalen Fehler macht. Nicht in meinem Beisein, da will ja keiner tatenlos zusehen. In der Zwischenzeit kommt auch der faule Cola um die Ecke. Der hat das Theater und Gebrüll mitbekommen und ruft umgehend die Rettung.

Maria sieht mich immer wieder an und wimmert, sie wolle eigentlich springen – hinaus aus dem Fenster! Sie wolle Schluss mit ihrem Leben machen. Und in dem Moment, als ich die Ernsthaftigkeit dieser Situation erfasse, fangen meine Knie wie verrückt an zu zittern.

Es dauert nicht lange, bis die Rettung da ist, und Maria wird in ihrem jämmerlichen Zustand weggebracht. Wir stehen wie angemauert da, einige können den Mund nur geöffnet lassen, es fehlen die Worte. Die Betroffenheit von uns allen ist greifbar.

Wir rücken in diesen Minuten als Gemeinschaft zusammen und so sind wir unbeugsam und stark zugleich. Alle sind entsetzt, dass Maria so etwas vorhatte. Wir diskutieren die halbe Nacht im Wohnzimmer darüber, warum sie?

Cola hat uns lange zugehört, hielt sich aber mit seiner persönlichen Meinung zurück. Aber man sah ihm an, dass er sich in seiner Haut nicht so wohlfühlte wie sonst. Und immer wieder, wenn ich ihn genauer ansah, fragte ich mich, was denn bei ihm anders sei. Verbarg er etwas?

Was denkt der überhaupt und zu was ist er wirklich imstande? Oder sind wir lediglich seine optischen Lustobjekte? Sieht der uns vielleicht halb nackt durch die Gänge laufen? Zumindest schaut er so aus wie ein streunender, läufiger Köter!

Ich habe mich entschieden, sollte er mich mal unsittlich berühren, würde ich mich wehren. Auch darüber sprechen wir manchmal, wenn wir sicher sind, dass keiner zuhört. Wir stellen auch Wachen auf, da sind wir sehr einfallsreich. Aber Cola bemerkt solche Aktionen immer sofort.

Er ist schon etwas außergewöhnlich und geheimnisvoll. Aber über die Erwachsenen kann ich mich persönlich kaum mehr wundern. Von uns heranwachsenden Mädchen erwarten sie Tugenden, die sie selber nicht beherrschen, so sieht das aus.

Ich frage mich oft, was da von mir alles verlangt wird, ich bin dazu einfach nicht bereit oder nicht fähig. Einsicht, Vernunft, Gehorsam und die Fähigkeit, ein total fremd bestimmtes Leben zu führen. Dazu sehe ich mich nicht imstande, dazu wurde ich vielleicht zu selbstbestimmt erzogen.

Meine Oma nahm mich immer als wichtige Persönlichkeit wahr und fragte mich immer, was hältst du davon? Was würdest du jetzt machen, was denkst du, Carmen? Ich grüble und suche verzweifelt nach einem Weg nach draußen. Das Einzige, was zählt, ist die Freiheit! Mittlerweile wäre ich so weit, auch ohne Geld eine Flucht zu starten.

Solche bitteren Ereignisse katapultieren mich sofort wieder nach Hause und das Heimweh trifft mich mit voller Härte. In diesen Stunden wäre ich zu allem kopflos bereit und diese Entschlossenheit ist es, die mir schon auch ein wenig Furcht einjagt.

Das heißt aber niemals, dass ich mir selber schaden würde wie Maria, aber einem Fremden jederzeit, wie zum Beispiel einem erwachsenen Grapscher. Vielleicht habe ich mich aber auch nur dieser Umgebung formlos angepasst, denn bis jetzt ist nicht eine Woche vergangen ohne ein Großereignis – zulasten von uns

Mädchen natürlich, denn hier sind ja wir die abnormen Subjekte. So einfach ist das mit den armen Kriechtieren, da kann man sich diese Folter ja unbemerkt erlauben!

Seit ich da angekommen bin, hat es keine Nachfrage bezüglich meiner Wenigkeit gegeben, und wenn, wüsste ich es nicht. Wichtig scheint ja für mein Gesindel nur die Tatsache, dass ich hier erfolgreich eingesperrt bin. Und ja, noch immer ist es so, dass ich meine Eltern hasse, beide gleich viel! Ich könnte den beiden zeitgleich mitten in ihre blöden Gesichter spucken. Aber wer möchte denn seine lieb gewonnenen Körperflüssigkeiten so besudeln?

Es ist mitten unter der Woche, als Maria wieder zu uns kann. Sie wird vom Haus abgeholt und kommt ganz unauffällig in unsere Gruppe zurück. Von nun an sind wir aber dicke Freundinnen und das wird mit unfreundlichen Mienen beobachtet. Man hat ihr den Magen ausgepumpt und der behandelnde Arzt behielt sie zur Beobachtung noch zwei Tage im Krankenhaus.

Und nun ist auch sie wieder da, wo sie vorher war, nur mit einer Leidensgenossin mehr. Und die anfänglichen Probleme gehören sofort der Vergangenheit an.

Mensch, haben wir Spaß miteinander! Und die gesamte Freizeit hängen wir gemeinsam ab. Von unserer Gruppe stört das niemanden, aber dem Personal gefällt das nicht.

Maria selbst redet nicht viel über das, was war, und ich spreche sie auch nicht darauf an. Bis auf die Frage, ob man dieses den Schlauch Runterschieben spüre. Da meinte sie, sie habe nichts mitbekommen. Das ist alles nur peinlich und wir haben eben ein erhöhtes Schamgefühl.

Maria ist ein großes, schlankes Mädchen mit dunklen, kurzen Haaren. Sie trägt meistens lässige Kleidung und pfeift auf das Schminken wie ich. Ihre Augen sind genau so dunkel wie ihre Haarfarbe und die dicken Augenbrauen wirken wie Äste. Das verleiht ihr einen bösen Gesichtsausdruck.

Und ja, wenn man sie nicht besser kennenlernt, hält man eher Abstand. Wir beide sind also verdammt unterschiedlich in der Form sowie in unserem Wesen, aber es verbindet uns eine gemeinsame Leidenschaft. Wir wollen nun beide weg von hier, völlig egal, wann, unser Vorhaben werden wir auch durchziehen!

Die kommende Nacht ist die zufriedenste, seit ich hier schlafen muss, ich bin sogar ein wenig glücklich. Ja, weil da jemand ist, der das so sieht und empfindet wie ich, als ungerecht und abartig.

Und unser eigenartiger Erzieher ist auch kein Vergewaltiger, aber ein Fan von unseren Höschen und der Selbstbefriedigung. Und er hatte, durchaus auf freiwilliger Basis, mit ein, zwei Mädchen mal was am Laufen. Hier erfahre ich erst von Maria, dass kein Erzieher oder keine Erzieherin bei uns in der Gruppe schläft. Das bedeutet, wir werden nur eingesperrt und sind allein über die Nacht.

Im Hause selber ist sehr wohl ein Nachtdienst, der aber in den vorgesehenen Personalräumen übernachtet. Deshalb konnte es ja überhaupt zu diesen Tragödien kommen. Niemand hat was mitbekommen oder gehört, erst in den frühen Morgenstunden. Sylvia ist nämlich vom anderen Ufer und deshalb auch sehr eigen in ihrer Art und bei ihren Erzählungen. Sie bestreitet das auch nicht, nimmt aber zu uns jetzt einen gewissen Abstand ein. Sie ist schon noch mit von der Party, aber nicht mehr so wie am Anfang, als ich kam.

Maria meinte, sie hätte einen Stand auf mich. Daran habe ich noch nicht gedacht, kann auch möglich sein, mich überrascht kaum noch was. Ich werde ihr schon zeigen, dass mich diese Form von Liebe nicht interessiert, aber sie ist deswegen für mich nicht weniger wert.

Hier gibt es nur einen Vorteil, das ist der fest strukturierte Tagesablauf. Unter der Woche bleibt nicht viel Zeit für Unsinn. Es gibt Abende, da ist man geschafft und froh, wenn man endlich in das Bett kommt. Wir können hier auch das Licht eingeschaltet lassen, bis uns das Buch ins Gesicht knallt. Wenn ich schlecht schlafen kann, lese ich so lange, bis ich todmüde werde.

In unseren Zimmern kann man ja auch Bilder aufhängen, wenn man welche hat. Das habe ich aber leider nicht, aber meine Erinnerungen sind so schön, sie verblassen nicht, und meine Oma wird den Platz in meinem Herzen auch nicht verlassen. Wenn ich mich ganz auf sie konzentriere, ist es für mich machbar, dass ich sie vor mir sehe, so, als stünde sie vor mir – ja, und ich kann sie sogar riechen. Ich weiß, dass es absurd klingt, aber ich mache das ab und an, damit ich zur Ruhe komme!

So hat jedes Mädel seinen persönlichen Rucksack zu schleppen. Maria hingegen ist ein Fan von ihrem geliebten leiblichen Vater. Aber bei der Scheidung gab es Rechtsstreitigkeiten und so kamen auch die Probleme mit Maria. Ihre Mutter kam angeblich mit ihr nicht mehr zurecht. Auffällig – schon wieder die Mutter! Also wenn bei ihr so viel wahr ist wie bei mir, ist sie genauso unschuldig wie ich.

Kinderrechte, dass ich nicht lache, wir sind nur keine Kinder, sondern angebliche Monster. Und in besagtem Fall wird prompt und unverzüglich auf Nimmerwiedersehen entsorgt.

Der Vorteil der Jugend ist die unbestrittene Tatsache, dass man schnell wächst und immer schlauer und kräftiger wird. Ich will ja nicht behaupten, dass mein Gehirn bei dem rasanten Tempo an Wachstum mitkommt, aber wir sind sicher intelligenter als manch Erwachsener hier vor Ort.

Aber man kann eben mit uns und unseren Bedürfnissen nicht richtig umgehen. Klar sind wir alle unterschiedlich und ich gebe zu, dass mein Charakter nicht gerade der einfachste ist, aber ich bin, wie ich bin. Und genau das macht auch mich als schwärzestes Schaf besonders und eigentlich liebenswert. Bei Maria sieht es ähnlich aus. Was ich anfangs von ihr dachte, entspricht nicht dem, was ich kennenlernte.

Es beginnt eine neue Woche, gleich mit einer nicht erwarteten, schlechten Nachricht für mich. Ich soll unverzüglich in das Büro. Das mache ich auch, denn ich hoffe eigentlich, dass ich von zu Hause was erfahre. Nichts da, es wurde beschlossen, dass ich nach der Schule umziehen muss, ich komme in die Nachbargruppe. Warum, frage ich nicht, mir ist klar, dass ich zu folgen habe und das machen werde, was man von mir verlangt. Und ich bin ja nicht aus der Welt, denn untertags kann ich zu Maria und es wird alles besprochen.

Viele Sachen besitze ich eh nicht und im Moment habe ich sicher mehr Schulkram als Bekleidung oder persönlichen Kram.

Davon kam mir beim Nachschicken einiges abhanden, aber so ist es, wenn man nicht da ist.

Nach der faden Schule gehe ich zum Essen in die Gruppe, packe meine sieben Zwetschgen und werde von der Erzieherin in die andere Gruppe gebracht. Ich werde dort nicht erwartet, denn auch hier ist immer was los. Die Mädchen selbst sind irgendwo bei einer Freundin oder im Zimmer oder im Kloster unterwegs.

Der Wohnbereich selber ist fast wie unserer, nur dass hier die Räume anders angeordnet sind. Durch den Gang geht es gleich direkt in den großen Wohnzimmerbereich mit angrenzender, riesiger Küche. Wieder raus am Gang geht es den Flur rechter Hand hinauf in einen weiteren langen Gang. Auch hier hat man fünf Dreibettzimmer und ich komme in das letzte hinten, wieder zur Südseite.

In diesem Zimmer ist nur das Mittelbett frei und darauf schmeiße ich schlecht gelaunt mal meine Habseligkeiten.

Zurück wieder in das neue Dienstzimmer, hier werde ich kurz vorgestellt und man übergibt mich offiziell in diese Gruppe. Vor Ort sind zwei Erzieherinnen, eine ist aus der anderen Gruppe zu Besuch.

Schön und gut, das war angeblich ohnehin so vorgesehen, dass ich hierherkomme. Das genau wage ich aber zu bezweifeln, hier ging es jetzt nur um unsere Freundschaft. Da hat es jemandem nicht zugesagt, dass wir uns so gut verstehen. In der Bibel steht, wehret den Anfängen, oder? Ich bin ohnehin schlecht gelaunt und entscheide mich, mal meine Sachen in meinem neuen Kasten zu verstauen.

Vorher lasse ich mir aber von unserer Betreuerin noch mal die ganzen Räumlichkeiten zeigen. Wir machen also gemeinsam einen Orientierungslauf. Ich brauche auch Möbelpolitur, aber nicht zum Trinken – keine Sorge! Aber ich will, dass es angenehm riecht im Kasten und neben dem Bett. Ich weiß ja gar nicht, wer da vorher drinnen war. Und ehrlich gesagt möchte ich es auch nicht wissen. Ich teile das Zimmer mit zwei anderen Mädchen, eine ist grade gekommen.

Das ist Renate und sie hat sichtlich ein gesundheitliches Problem, sie ist schon mit Drogen in Berührung gekommen. Für sie ist alles nur ein Spiel und es fehlt ihr nicht nur an Verstand, sondern auch an gesundem Körperbewusstsein. Sie nimmt alles, was man schlucken kann, und ist immer wieder am Besorgen von irgendwelchen Medikamenten. Aber sie kümmert sich nur um ihre eigene Person und nicht um meine Angelegenheiten, das ist angenehm.

Ich brauche mich auch nicht vorzustellen, denn sie ist über mich recht gut informiert. Klar, dass man mich hier als Problemfall sieht, das braucht mir keiner erzählen, das weiß ich ohnehin. Maria und ich hätten die anderen Mädchen zu sehr negativ beeinflusst.

Aber ich habe ja noch regelmäßigen Kontakt, auch am Abend über die Fenster zum Innenhof. Wir lernten in der Schule und in der Ausbildung nichts, aber die Zeichensprache in weniger als sechzig Minuten. Wir können uns damit auf das Notwendigste verständigen und werden damit immer flotter und geschickter.

Wir sind richtige Verbündete und mir ist auch klar, dass es nicht gerade von Vorteil für mich ist. Aber ich halte mich an die Gruppenordnung, bin freundlich und alles andere als kontaktscheu, beachte aber sehr wohl die jeweilige Privatsphäre, die jedes Mädchen braucht.

Am Abend kommt meine andere Zimmerkollegin von ihrer Ausbildung. Nicht nur, dass Carola bildhübsch ist, sie ist auch total freundlich und kommt lachend auf mich zu. Sie ist im zweiten Ausbildungsjahr und freut sich, dass sie im dritten in die Freigängergruppe darf. Sie kam mit elf hierher, machte den Schulabschluss und lebt hier, da ihre Mutter tödlich verunglückt ist.

Sie hat unweit von hier in einer Anstalt für seelisch Kranke einen minderjährigen Bruder, den sie ab und an mal mit dem Bus oder der Erzieherin besuchen darf. Er ist vier Jahre jünger und schwer beeinträchtigt. Man sieht dem Mädchen an, dass die Verantwortung, die sie für ihn übernommen hat, kaum tragbar ist. Wie ein Schatten liegt der Bruder über dem Schwesterherz. Als ich das höre, schätze ich wieder mein persönliches Drama.

Von den beiden neuen Zimmerkolleginnen bekomme ich auch ein Geschenk. Ich staune nicht schlecht, eine Gitarre, die hat das Mädchen zuvor in dem Zimmer als Erinnerung zurückgelassen.

Und ich sei der Typ von Mädchen, zu dem dieses Musikinstrument auch passe, so glauben die beiden.

Wir haben jeden Abend eine Menge Spaß und ich habe mit meinen neuen Freundinnen wieder mal Glück gehabt. Ich habe immer wieder Blödsinn im Kopf, ich würde gern mal was zum Essen organisieren in der Gruppe, nur für uns Mädels. Ich und mein Hunger, mein individuelles Gefühl, und ja, könnte ja gut sein, dass wir alle damit unseren Spaß haben. Immerhin darf ich doch meine neuen Freundinnen mal einladen. Die finden die Idee nicht schlecht, würden es aber nicht selber machen.

Die Woche vergeht ohne weitere besondere Ereignisse, ganz klösterlich gewöhnlich.

Maria ist etwas traurig, aber wir nützen die wenige Zeit, die wir haben, viel bewusster. Für uns wird nun selektiert, was müssen wir dringend besprechen und was ist nicht der Rede wert, sich darüber den Kopf zu zerbrechen. Denn in unserer Freizeit sind wir immer beisammen und die Hofgänge sind ja auch noch möglich.

Das ist hier die einzige Form von freier Bewegung, alles andere gibt es ja nicht. Die Mauer entlang spazieren, flott oder träge, hinauf und hinunter, und wenn man so will, im Kreis herum. Die Nonnen hier sind sehr unsportlich und wollen mit uns gar nichts unternehmen.

Was soll man tun? Nichts ist machbar, man sitzt es einfach aus – wenn man es kann!

Scheiße, ich kann es noch immer nicht, ich will zu meiner alten Dame zurück. Der Unterricht ist ja auch mehr als flüssig, ich meine, überflüssig. Ich freue mich schon auf das Wochenende, da fällt mir sicherlich was ein. Ich habe nämlich beschlossen, dass ich mich gar nicht mehr einschränke, das mindert meine Lebensqualität. Und warum auch? Es besteht ohnehin keine vorzeitige Entlassung, also werde ich Dummheiten machen. Möchte mal sehen, wie weit ich damit komme. Und was gibt es da schon für Strafen? Von Übergriffen oder Schlägen habe ich noch nichts bemerkt.

Raufereien und dergleichen kommen unter den Mädchen aber schon vor und klar ist man doppelt bemüht, den Streit wieder zu schlichten. Bis jetzt habe ich weiter meinen Frieden, niemand versucht, sich mit mir anzulegen.

Das Glück hat nicht jede. Carola, meine neue Zimmernachbarin, ist genauso unwichtig wie ich. Bei Renate sieht das aber anders aus, sie ist immer wieder in jegliche Streiterei verwickelt und nicht immer unschuldig. Das bemerke ich aber erst mit der Zeit, am Anfang dachte ich, was ist das für ein sensibles, armes Mädchen.

Wir verbringen viel Zeit im Klassenzimmer mit unserer redseligen, aber mürrischen Nonne. Humor ist mit Sicherheit keine klösterliche Tugend. Kein Wunder, dass die alle gleich angefressen dreinschauen, egal ob früh am Morgen oder nach der Arbeit – nur mürrische Blicke. Zur Verteidigung möchte ich aber anmerken, ich würde auch nicht lustiger dreinschauen, ich meine, diese Knochenarbeit ohne jegliche Bezahlung oder Anerkennung. Wer mal Zwetschgenknödel gemacht hat, weiß, wie viel Arbeit da drinsteckt, im Kloster sind es gleich mal dreihundert Stück.

An zwei Tagen in der Woche sollen wir aber das Erlernte in der Lehrküche ausprobieren. Ziel ist, dass wir nach der Schule perfekte Hausfrauen mit guten Kochkenntnissen sind.

Und auch hier hat die Reinlichkeit oberste Priorität! Das heißt für uns alle, Kopfbedeckung, die mit den Haarspangen fixiert wird, bodenlange Schürzen, zumindest für mich, denn ich bin sehr klein, und klar wir haben alle altes Schuhwerk nur für den Küchenbereich.

Dann wird der Menüplan erstellt von der Madame, danach erfolgt die genaue Aufgabenverteilung.

Meine Schulkolleginnen genießen meinen Zirkus, aber richtig zu lachen, getraut sich von uns auch niemand. Ich bemerke aber sehr schnell, wenn die Geduld der Nonne erschöpft ist. Dann arbeite ich wieder einigermaßen konzentriert und fleißig, vor allem aber ruhig weiter.

Aber sie kann sich nicht umdrehen und meine Konzentration ist verflogen und meine Nase klebt an der Fensterscheibe. Als kleines Mädchen wollte ich schon nicht kochen, brauchte ich auch nicht, denn es wurde gekocht, was ich bestellte und mir mundete. Das klingt verwöhnt, ist es auch, aber ich habe das immer wieder sehr genossen. Bei mir daheim wurde geplaudert und mit guter Laune am schönen Tisch feierlich gegessen und sich über den vergangenen Tag unterhalten.

Freude am Kochen habe ich beim besten Willen nicht, dafür kann man mich kaum begeistern.

Ich stehle aber jetzt aus der Tiefkühltruhe zwei Hühner und verstaue sie, bis wir in die Gruppe gehen, in meiner Schultasche. Am späten Abend werden wir sie in das Backrohr schieben, und wer mag, isst mit, und wer schlafen will, bleibt halt im Bett.

Die Mädels sind eingeladen auf eine Runde wertefreies Kennenlernen. Es werden sicher sechs oder acht sich trauen, aber der Rest wird eher im Zimmer verharren. Und ich werde die Hühner zubereiten und hoffentlich schmackhaft würzen und die weitere Verantwortung übernehmen. Ich möchte meinen Einstand feiern und will mal schauen, was es da für Konsequenzen gibt.

Maria treffe ich am Nachmittag zuerst unten im Bewegungshof und später in ihrer Wohngruppe, wo wieder ein Neuzugang kam. Unheimlich für mich dieses System von Angebot und Nachfrage, beinahe erschreckend. Das bedeutet, dass die einzelnen Einrichtungen sich miteinander austauschen über uns Mädchen. Maria sagt auch, dass kein Bett über einen längeren Zeitraum leer bleibt.

Die Neue ist um die dreizehn Jahre alt und sehr zart, ruhig und ebenso verstört, wie ich es war, als ich da hereinspazierte. Maria lässt sie in Frieden, sie hat scheinbar von mir doch einiges abgeschaut. Man fühlt sich ohnehin wie ein schutzloses Reh die ersten Tage und da sind solche Aktionen komplett umsonst.

Wir sprechen darüber auch nicht mehr, ist ja nicht mehr nötig. Sie kennt mich inzwischen genauso gut wie ich sie, das ist für unsere Freundschaft auch unabdingbar. Unser Fundament ist das Vertrauen und Geheimnisse gibt es nur noch wenige, es wird alles besprochen.

Maria kann leider nicht am Mitternachtstisch teilnehmen. Aber sie wünscht uns einen guten Appetit und grinst wie eine Hexe. Und ich freue mich schon, mal ungezwungen zusammenzusitzen und Mädchenkram plaudern zu können. Aber mir ist auch wichtig zu zeigen, wer ich bin und dass ich kein Monster bin.

Der Nachtdienst übernimmt wie gewöhnlich und bleibt, bis der Großteil von uns ins Bett verschwindet. Danach geht sie selbst ins Bett und versperrt die Tür im Eingangsbereich. Ich müsste, sollte ich da mal raus wollen, diese Tür mit Gewalt öffnen.

Kurz darauf bin ich schon auf dem Weg in die Küche mit meinen Hähnchen, die ich am Fensterbrett zwischengelagert habe. Das Backrohr wird vorgeheizt und ich mache die Marinade. Die Hühner kommen beide zugleich in das Backrohr, ich halbiere sie, so bringe ich sie besser unter. Es gibt keine Beilage dazu bis auf Brot, das immer in der Wohngruppe im Brotfach bereitliegt.

Carola und Renate begleiten mich und so plaudern wir über Gott und die Welt. Typisch Mädchen, zuerst kommt die Mode, danach die Figur und danach die Jungs. Es ist ja hier nicht so, dass wir keine Jungs zu Gesicht bekämen. Einmal in der Woche kommen sie mit ihrem Wäschebehälter vorbei, lassen die Schmutzwäsche da und nehmen die sauberen Sachen wieder mit. Ja, und da sind durchaus heiße Eisen dabei, total hübsche Buben und denen sieht man das Böse halt auch nicht an. Ich sehe sie über die Fenster, den Nahkontakt haben nur die Mädchen, die in der Wäscherei arbeiten.

Das ist aber ein echter Knochenjob, denn die Wäscherei wird von einer externen Dame geführt. Sie ist nicht gerade zimperlich im Umgang mit den Mädchen. Die Maschinen bedient sie selbst und die Mädchen bügeln bis zum Umfallen. Bügeln Sie mal acht Stunden, stehend und in gekrümmter Körperhaltung! Ich weiß da bestens Bescheid, weil ja Renate da gerade arbeitet. Das ist Sklavenarbeit, ohne Zweifel. Man bereichert sich hier an der Arbeitskraft von Minderjährigen zum Taschengeldtarif! Also eins ist für mich jetzt schon klar, arbeiten werde ich hier nicht, das kommt für mich nicht infrage.

Die Hähnchen sind um die Geisterstunde gut durchgegart und ich schneide unterschiedlich große Happen herunter. Belasse aber alles am Backblech, da ich nicht Geschirr abwaschen möchte, wir benützen unsere Finger.

Es sind sogar sieben Mädchen da, mehr als ich mir dachte. Denn ich habe den Eindruck, dass ein Teil in dieser Gruppe durchaus etwas Angst von mit hat. Ich zeige mich von meiner besten Seite, bin gut gelaunt und erzähle einen Blödsinn nach dem anderen. Aber die Mädchen wollen am meisten über meine Ausflüge wissen und da habe ich ja ausreichend zu erzählen.

Sie hören mir neugierig und leise zu. Die Gerüchteküche in solchen Einrichtungen hat schon eine maßlose Eigendynamik. Hier wird die Mücke zum Elefanten, deshalb auch das unbeobachtete Kennenlernen hier, ohne unsere Erzieherinnen.

In dieser Gruppe gibt es keinen Mann und ich erfahre erst hier, dass es überhaupt nur drei Männer im Kloster gibt, mit denen wir ab und an mal zusammentreffen. Einer davon, der Pfarrer, ist mit Sicherheit der harmloseste dem Anschein nach, dem fehlt nur noch der Heiligenschein. Die männliche Heimleitung ist mir etwas zu bestimmend und total intolerant. Der akzeptiert nur das, was er selbst für wahr erachtet.

Wir sind ein bunter, zusammengemischter Haufen und haben alle so unsere Probleme mit den Erwachsenen. Und es gibt noch eine Gemeinsamkeit, wir stammen alle aus zerrütteten Familienverhältnissen!

Ich bin stark verwundert, dass so liebe Mädchen genau wie ich behandelt werden. Unfassbar, wie schnell man ohne großes Aufsehen seine eigenen pubertierenden Kids entsorgen kann! Und nicht nur bei mir stecken Lügen dahinter, viele hier wurden alles andere als fair behandelt.

Wir nagen plaudernd und gemütlich die Hühnerteile mit Genuss ab. Wir bleiben unbemerkt bei dem schummrigen Licht und sind mäuschenstill, das ist ja klar. Am Ende von unserem Essen lasse ich die ganzen Knochen auf einem Tablett liegen und schreibe einen Zettel, den ich absichtlich darauf hinterlege: SOS Hühnerraub wegen Hungerattacke gebraten und verspeist.

Wir kennen uns jetzt beim Namen und ich fühle mich nun etwas wohler in meiner neuen Umgebung. Wir schleichen uns wieder unbemerkt in unsere Betten, und kaum die Decke rübergezogen will Renate was von mir.

Sie möchte, dass wir uns tätowieren, draußen ist das gerade in Mode. Und klar, ich verspreche ihr, dass wir das gemeinsam in Angriff nehmen. Renate wird die Tinte besorgen und ich die Nadeln, davon gibt es bei uns in der Schule ja genügend.

Nun bin ich aber auch geschafft und nach Langem schlafe ich mal wieder beruhigter ein als sonst.

Die Ritzerei ist im Kloster ohnehin ein einfaches Signal, Widerstand und Protest zu zeigen.

Unsere Erzieherinnen haben ja alle eine pädagogische Ausbildung. Da möchte man meinen, dass man sich mehr Verständnis und die Fähigkeit zum Zuhören erwarten kann. Fehlanzeige, die machen ihre Arbeit, aber auch nicht mehr als nötig.

Renate will, dass ich ihr eine Spritze an den Unterarm tätowiere, und ich hätte gerne eine Träne unter meinem rechten Auge. Die Konstellation ist ja schon verrückt genug, aber im Moment sind wir das auch.

Carola will dabei aber nicht mitmachen, sie ist nicht zu überreden und auch das akzeptieren wir. Freunde sind eben nicht alle gleich und Geschmäcker unterschiedlich. Die Nacht habe ich genüsslich verschlafen. In der Früh nach dem Frühstück, aber vor der Schule, muss ich in das Büro – Stellungnahme zum Diebstahl der Hühner.

Ich bin wie immer freundlich, trete ein. Man sieht mich wenig erfreut an, meint aber, ich solle mich doch hinsetzen. Ja, das mache dann auch und mein Gegenüber sieht mich vorwurfsvoll an. Für mich sind nur die für dieses ganze Theater verantwortlich.

Mir direkt gegenüber eine dicke, kleine Nonne mit einem Gesicht, das eigentlich nichts Liebliches hat. Es sieht so aus, als hätte sie weder Augenbrauen noch Wimpern, arschblond, das trifft zu. Vom Alter sind die alle sehr schwer einzuschätzen, weil sie alle gleich bekleidet sind.

Daneben die Erzieherin, die gleich in barschem Ton und mit Gebärdensprache die Anklage erhebt. Sie faucht mich an wie eine Katze und fuchtelt mit ihren Händen herum. Wie ich mir das hier so vorstelle und ob es nun mit dem laufenden Ärger so weitergehe und dass man mich auch bestrafen müsse, denn so gehe das nicht. Die Betonung liegt auf „so nicht", ja bitte, dann eben anders. Das sei kein Gehorsam und schon gar kein nötiger Respekt, das werde man auf keinen Fall dulden.

Der dicke, wortkarge Pinguin ist aber zu meiner Verwunderung eher auf meiner Seite. Sie meint dazu nur sachlich und ohne Theater, dass ich in den Ferien dafür eine Woche arbeiten werde. Das verkaufen mir die beiden also als Strafe, ja klar, denn arbeiten hätte ich sowieso müssen. Alle, die in den Ferien hier sind, werden als Arbeitskraft ausgenützt.

Bevor ich antworte, richte ich mich gerade auf und teile ihnen mit lauter Stimme Folgendes mit. Man könne mich nicht mehr bestrafen, als es bisher ohnehin geschehe, und man solle sich lieber darum kümmern, dass ich nicht immer wieder hungern müsse. Unbeeindruckt frage ich nach, ob ich denn nun in die Schule gehen dürfe.

Nun verlasse ich grinsend, aber flott das Büro. Schnellen Schrittes als Erste in mein Zimmer, dort schultere ich die Tasche und ab in die Klosterschule, wo mich aber schon die nächste Nonne ungläubig anstarrt. Klar, dass die auch schon Bescheid weiß, aber sie hat eine Klasse zu unterrichten und das ist nun mal wichtiger als meine Dummheiten. Dieses störrische, kleine, schwarze Schaf, dem man nur helfen will, das aber nur Ärger macht.

Hier verbreiten sich solche Streiche schneller, als man das mit einem Telefon bewerkstelligen könnte, fast unheimlich.

Ich bin körperlich wieder anwesend, aber geistig mehrere Hundert Kilometer südlich von hier. Meine Fantasie trägt mich in meine Heimat zu meinen Leuten. Im Hintergrund nehme ich nur zur Kenntnis, dass ich nicht allein bin.

Wie lange ich so träume? Vielleicht bis die kommende Stunde beginnt. Geschichte ist zu meinem Lieblingsfach mutiert, nach Mathematik und Deutsch.

Im Kloster wird man bescheiden, die Auswahl lässt nicht viel zu, das kann man so durchaus behaupten. Ich bin gut untergebracht und lernwillig, ob ich aber auch lernbereit bin, wird sich erst zeigen.

Die sechs Stunden verfliegen und ich gehe danach wieder in die Gruppe zum Essen. Mit dem Speiseplan habe ich so meine Probleme, ich kann hier unmöglich alles essen.

So kommt es mal vor, dass ich zwei Tage ungewollt fasten muss, weil ich nicht alles in mich reinstopfe. Ich esse kein Fleisch, das ich nicht kenne, ich mag keine Innereien und Polenta finde ich auch zum Kotzen. Und in meinen Nachtkästchen habe ich keine Reserven, das macht alles nicht einfacher für mich. Dazu kommt, dass ich mich kaum überwinden kann, auch nicht, wenn mich der Hunger quält. Da hoffe ich lieber auf bessere, schmackhaftere Zeiten für mich. Und so lasse ich häufig ein, zwei Essen aus und ernähre mich von Brot.

Es sind schon viele Wochen für mich vergangen und ich weiß nicht, was bei mir zu Hause los ist. Wenn ich dann doch mal vorsichtig nachfrage, meint man nur genervt: „Es wird schon alles in Ordnung sein", und ich solle mich mal auf meine Aufgaben konzentrieren.

So ist das, denn anfänglich wurde mir von der Heimleitung persönlich zugesichert, dass ich ab und an mal telefonieren dürfe. Das sind halt so Ungerechtigkeiten, wo abermals mein inneres Feuer zu brennen beginnt. So schaffe ich auch nicht, zu einhundert Prozent, wenn man so sagen will, meinen Verpflichtungen Folge zu leisten. Immer wieder ertappe ich mich bei Blödsinn und es vergeht kein Tag, an dem ich nicht ohne Gewissenskonflikte wieder was anstelle.

Am Abend des heutigen Tages werden wir uns tätowieren, darauf bin nicht nur ich neugierig, auch die anderen Mädchen wollen sehen, wie das aussieht. Für mich ist das keine Premiere, denn ich habe ja seit dem vorigen Kloster eine Freundschaftstätowierung, ein Pfeil in Richtung zur Brust am linken Oberarm in Königsblau. Der Pfeil ist alles andere als symmetrisch, aber nicht größer als drei Zentimeter, das gleiche Symbol trägt an derselben Stelle auch Birgit. Für mich bedeutet das „Vorsicht Starkstrom", Gott sei Dank haben wir den Schriftzug nicht daruntergesetzt.

Die Nadeln fixiere ich mit einem Zwirn direkt nebeneinander mit unterschiedlicher Tiefe, was bedeutet, dass eine Nadel tiefer in das Gewebe sticht und über die andere die Tinte unter die Haut rinnt. Richtig gestochen ist, wenn es zu bluten beginnt, man muss also schon fester andrücken. Wichtig ist bei dieser Form des Körperschmucks, dass man schnell einsticht und die Haut weder zu fest noch zu locker spannt. Aber da weder Renate noch ich wirkliche Profis sind, kommt es eben auf den Versuch an.

Diese Aktionen starten wir nur, wenn die Katze aus dem Hause ist, also wenn angenommen wird, dass wir schlafen. Es sieht auch keine Einzige von denen mal nach, ob wir das machen, was wir sollten, so dienstbewusst ist man hier nicht. Uns ist das aber sehr recht, denn so bleibt ein Stückchen mehr Freiraum.

Maria ist seit einigen Tagen dabei, darüber nachzudenken, wie wir beide zur selben Zeit von hier weg können, und tüftelt einen Plan aus. Derzeit sieht es aber nicht gut aus, denn untertags ist es noch immer so, dass nachgeschaut wird, wo ich mich hin bewege.

Wir sind wild entschlossen, uns gegenseitig zu tätowieren oder besser gesagt, zu verstümmeln. Renate hat das ja auch schon mal gemacht und sie beginnt unter meinem rechten Auge, da sollte eine Träne hinkommen. Sie sticht drei Mal fest in meine Unterhaut ein und ich entscheide nach einem kurzen Blick in den Handspiegel, dass mir dieser blaue Schönheitspunkt auch reicht.

Im Gesicht herumzustechen ist schmerzhafter, als ich mir das dachte, und Renate geht da nicht gerade zimperlich mit mir um. Etwas später liegt sie total entspannt auf ihrem Bett und meint noch, wir seien die Einzigen im gesamten Bundesland, die mit einer Spritze am Unterarm herumlaufen. Da wird sie wohl recht haben, denn so durchgeknallt ist nicht jeder. Und ausgerechnet ich, die ich bis zum heutigen Tage gerade mal Cannabis geraucht habe. Aber geteiltes Leid ist halbes Leid – und hier im Kloster sind Freundinnen einfach unentbehrlich.

Ich brauche für diese Spritze, die ich ja vorgezeichnet habe, doch länger als gedacht und sie lässt das bis zum Ende zu. Also da bin ich doch überrascht, wie eisern sie das durchhält, ohne sich zu beklagen. Sie amüsiert unsere Aktion sichtlich, denn mein Punkt ist ja unterdessen zu einem kleinen Hügel angeschwollen, was einem Gelsenstich sehr ähnelt.

Carola beobachtet uns akribisch und kommt nun doch auf die Idee, sich später einen kleinen Delfin auf die Hüfte stechen zu lassen. Aber wenn möglich nicht von mir, denn ich kann das nicht so toll, das habe ich gerade festgestellt. Diese Spritze sieht eher aus wie ein Staubsauger, also echt witzig.

Danach bin ich dran, ich lege meinen Unterarm freiwillig auf den Tisch und Renate legt mit dem zweiten umgebauten Bleistift los. Die ersten Einstiche spürt man schon, aber nach einiger Zeit brennt alles so, dass man meint, man habe sich verbrannt.

Ob sie länger als ich braucht, kann ich nicht sagen, nur dass ich froh war, als sie fertig ist mit dieser aussagekräftigen Tätowierung. Ehrlich, noch mal würde ich das nicht machen, aber es hat ja auch was Gutes.

Carola liegt vor Lachen im Bett und hat keine Tränenflüssigkeit mehr übrig.

Gut, letztendlich fange ich auch an zu lachen, denn das ist für uns ansteckend. Wir sind alle sehr müde und die Tätowierten schlafen mit leicht brennendem Unterarm geschafft ein.

Ich bin meistens schon munter, bevor wir vom Frühdienst geweckt werden. Diesmal schlafe ich aber wie ein Stein und bin verwundert, wie gut meine Wunde in der Früh aussieht. Ich habe nur kleine Schwellungen mit einer oberflächlichen Krustenbildung, aber keine wesentlichen Schmerzen.

Das ist schon mal gut und ich gehe wie immer in das Badezimmer und mache mein morgendliches Waschprogramm. Man muss sich ja nicht schminken, aber man sollte gepflegt sein und ich lege darauf genauso großen Wert wie die meisten meiner Kolleginnen. Schminken an sich wäre erlaubt und Carola macht das täglich, bevor sie zur Lehre nach draußen geht. Sie ist ausnehmend hübsch und ordentlich und immer freundlich, für mich wie ein Engel. Nicht nur für mich total unverständlich, was sie überhaupt hier macht, aber es ist geplant, dass man sie in die Erdgeschossgruppe entlassen wird. Dort soll sie auf das Leben in Freiheit vorbereitet werden.

Irgendwann vor dem Gang zur Schule werden unsere Spritzen mit Entsetzen entdeckt. Und klar – wieder eine Stellungnahme im Büro und wieder die gleichen Fragen. Warum wir uns das antäten und was das überhaupt solle und wer die Materialien besorgt habe. Das sei Selbstverstümmelung und wie wir dazu stünden, möchte man sofort wissen.

Renate ist total entspannt und meint, dass sie mit ihrem Körper mache, was sie wolle, und dass die Idee für das Tätowieren sie selbst gehabt habe. Ich übernehme ohne irgendwelche Anzeichen von Reue das Besorgen der Nadeln sowie der Tinte und Bleistifte. Mit einem Wort, alles gestohlen und umgehend zweckentfremdet!

Diese Tatsache hebt nicht gerade die Laune unserer sonst so freundlichen Gruppennonne. Und abermals mache ich sie darauf aufmerksam, mich ohne Hindernisse umgehend vor die Tür setzen zu können.

Ende dieser Geschichte: Es gibt keine Bestrafung, da wir uns das ja gegenseitig zugefügt haben. Aber es gibt eine schriftliche Stellungnahme, die zum weniger freundlichen Heimleiter kommt. Der kann mich persönlich aber mal, denn der hält seine Versprechen nicht!

Ich ersuche nochmals zu vermerken, dass ich ja gehen würde, wenn man mich hinauswerfe. Ich bitte darum, das in diesem Schreiben für mich zu unterstreichen.

Wissen Sie, ich bin am Tag mindestens zwei Stunden tieftraurig, mutlos und enttäuscht und ich kann Ihnen versichern, dass mir Prügel jetzt sogar lieber wäre! Ja, es ist wieder so weit, ich spüre mich nicht mehr, ich würde mich schlagen lassen. Alles lieber, als weiter so dahinzuleben wie bisher. Meine Kraftreserven sind dahin, ich möchte nur noch weg von hier. Ich habe die Nase voll von dieser Scheinheiligkeit und Heuchelei stellt mir die Haare im Nacken auf!

Und wo bitte ist man denn hier menschlich? Das würde mich brennend interessieren. Weil man mich mit dem Nötigsten an mangelhafter Bildung und billiger Nahrung versorgt, soll ich mich auch noch dankbar zeigen? Das und vieles mehr werde ich nicht machen, es wird sich mir eine Möglichkeit bieten. Das ist das Einzige, von dem man mich bisher hier überzeugt hat, und mit Maria an meiner Seite bin ich unschlagbar.

Wir lassen unsere Tätowierungen abheilen und tragen sie mit Stolz und Anmut durch die Gegend. Was dazu führt, dass die Nonnen nur noch flüsternd und kopfschüttelnd bei mir vorbeigehen. Welch Segen, denn ich bin auf Nahkontakt ohnehin nicht aus und ich werde auch nicht heilig in dieser frommen Umgebung. Egal, was man sich in weiterer Folge auch erwartet, ich werde es nicht erfüllen können!

Die Wochen vergehen, das erste Semester ist vorbei und für mich positiv zu Ende gegangen. Grund zum Feiern gibt es aber nicht, denn nach einem gewöhnlichen Wochenende finde ich mich am Montag in der Wäscherei zum Arbeiten ein. Nun ist es an der Zeit, meinen Diebstahl der Hühner abzutragen, Strafdienst von der Dauer einer vollen Arbeitswoche.

Das bedeutet für mich, täglich acht Stunden stehend in gekrümmter Haltung bügeln und wenn möglich schnell. Die Chefin hier ähnelt einer indischen Nebelkrähe. Warum ich das behaupten kann, möchte ich ihnen auch verraten – weil ich mal eine hatte.

Als mich die berüchtigte Dame das erste Mal sieht, meinte sie in harschem Ton: „Mädchen, du kannst Dummheiten machen, wo du willst, aber nicht in meiner Waschküche." Denn dann würde ich sie kennenlernen. Daran bin ich aber nicht im Geringsten interessiert, ich ziehe es vor, brav und artig meinen einwöchigen Strafdienst ohne Probleme zu absolvieren.

Wir sind zu viert und bügeln durch bis auf die Mittagspause, in der wir in die Gruppe zum Essen gehen, natürlich in Begleitung.

Meine neue Chefin ist ja angeblich vom anderen Ufer, also sie steht auf Mädchen, vorrangig auf gut Aussehenden. Ein guter Grund für mich, ihr kontinuierlich auszuweichen, aber immer ist das nicht möglich. Mal bin ich zu ungeschickt, dann wieder zu langsam und dann sind da angeblich mehr Falten drinnen als zu Beginn. Renate, die ja auch den nützlichen Idioten da runterdreht, amüsiert das köstlich, sie steht direkt hinter mir.

Und so kommt es, dass ich, weil untalentiert, eine Einschulung von der Chefin persönlich bekomme. Bei einem Herrenhemd fängt man mit dem Kragen an, man bügelt Wäsche, die leicht angefeuchtet ist, am besten mit Wasser besprühen. Danach die Manschetten und den Ärmel hinauf, danach zügig und rasch, wenn die Fertigkeit gegeben ist, die Knopfleiste und die restlichen Teile. Aber die Betonung liegt hier eher auf schnell und zugleich genau! Ja, schön und gut, aber beides ist für mich nicht machbar, ich bin schließlich eine Anfängerin.

Also bemühe ich mich guten Willens, aber langsam und total konzentriert, sodass ich meine Finger nicht verbrühe. Mal rauf, mal runter, links und rechts, oben und unter, von vorne und manchmal von hinten. Ganz nach meinen Vorstellungen, passt eh ganz gut, und wenn nicht, bitte selber besser machen.

Das sage ich nicht zur Nebelkrähe, aber zu meiner Leidensgenossin, die hinter mir in Rekordzeit bügelt. Renate hat jetzt schon eine gekrümmte Körperhaltung und der Chefin scheinen die ganzen Waschmitteldämpfe den Verstand ordentlich zu vernebeln.

Ich bringe diese Woche ohne Nachdenken hinter mich und bin am Abend so fertig, dass ich die gesamte Woche nur schlafe – ohne Dummheiten. Ich bin froh und erleichtert, als ich am Sonntag in die Messe ziehe, dort gelobe ich feierlich Einsicht. Nur für mich, versteht sich, dass ich mich verbessern möchte. Alles andere kann über mich kommen, aber bitte nicht Hilfsarbeiten in solchen Betrieben. Echt zum Fürchten und überhaupt, man hat ja gar keine Vorstellung, was die da alle zusammen an Wäsche verbrauchen, und es wird jedes Teil gebügelt!

Eigentlich dachte ich, dass für mich das alles erledigt sei, aber dem ist nicht so, als Belohnung werde ich am selben Abend herzlichst zum Abendessen bei der Chefin der Waschküche eingeladen. Angeblich, weil ich so bemüht und ordentlich gearbeitet habe, als kleines Dankeschön.

Begeistert bin ich davon nicht, aber ich habe auch keine Angst und so werde ich zu ihrer Wohnung geleitet, wo zu meiner Verwunderung noch zwei weitere Personen sind. Ein um die fünfzehn Jahre alter Junge und noch eine ältere, nette Dame und meine ehemalige Chefin.

Ich werde total höflich vorgestellt und sie erklärt, warum ich heute zum Essen eingeladen sei. Ich erfahre, dass der Bub hier ihr leiblicher Sohn ist. Als ich das höre, kenne ich mich gar nicht mehr aus, aber man sieht ihm die Ähnlichkeit auch an.

Ich esse gut und unterhalte mich ausgezeichnet mit dieser netten, älteren Haushaltshilfe, die hier arbeitet. Ich weiß mich zu benehmen und am Ende dieses netten Abends wird mir auch noch ein Kompliment gemacht. Beide Damen sind der Meinung, dass ich hier nicht hergehöre. Das finde ich sehr liebenswürdig, doch ich weiß, dass mir das nichts nützt. Ich bin hier am Ende des Abstellgleises und es kümmert niemanden, so sieht es aus. Aber ich finde es nett, dass den beiden das in so kurzer Zeit auffällt. Und natürlich bekomme ich ein Arbeitsangebot, sollte ich nicht mehr die Schulbank hier drücken wollen. (Dass ich nicht mehr lange hier sein werde, denke ich mir nur insgeheim und der Gedanke allein ist eine Wohltat.) Weiters würde es mir gut gehen, denn dann wären solche Essen an der Tagesordnung. Ich bedanke mich höflich für die Einladung, möchte aber zurück in die Gruppe gebracht werden.

Ich lernte die Chefin der Waschküche in ihrer Wohnung etwas besser kennen und mir ist es gleich, was für sexuelle Neigungen sie hat. Ich möchte sie aber trotzdem nicht besser oder näher kennenlernen, das heißt, auf ein Nahverhältnis verzichte ich dankend.

Während des Essens beobachtete sie mich eindringlich, und wenn sie was sagte, übte sie sich eher in Zurückhaltung. Ich habe sie aber an einem anderen Ort durchaus sehr dominant erlebt.

Zurück in der Gruppe werde ich von den Mädels ausgequetscht wie eine Zitrone. Die wollen jedes noch so unbedeutende Detail wissen. Ja, das ist auch hier ein Hobby von uns Mädchen, wir analysieren jeden Satz und kaum eine Regung bleibt da unbemerkt! Alles wird, wenn man das selber auch so will, nochmals erläutert.

Interessant ist für mich immer wieder die Betrachtung von anderen Mädchen. Was hätte Carola gemacht in meiner Lage? Klar, sie wäre gar nicht hingegangen. Renate wäre auch hingegangen, schon allein, um sich ein privates Bild ihrer Lehrherrin machen zu können. Und, wie sie weiter meint, einen Vorteil zu gewinnen. Die Idee ist grundsätzlich sehr klug, aber daran sind Bedingungen geknüpft. Denn mit so einer starken, helfenden Hand hat man hier durchaus mehr Rechte.

Aber uns alle beschäftigt am meisten ein zentrales Thema: Ist sie nun lesbisch oder doch nur Hetero wie die meisten von uns?

Ich höre ohnehin spät abends nur mehr mit einem Ohr zu. Mir ist das wurst, was die ist oder vielleicht gerne sein möchte, gänzlich egal. Und obwohl ich keinerlei Neigungen zum gleichen Geschlecht verspüre, bin ich mir sicher, dass ich diesen Typ Frau immer abstoßend finden würde. Als Chefin genauso wie als Lehrerin oder Erzieherin, ich mag das nicht, wenn jemand meint, er müsse zeigen, wie mächtig er ist.

Was ist denn das für ein Charakter, sich an der Arbeitsleistung von Minderjährigen zu bereichern? Denn eins steht fest, bis auf die Zöglinge machen hier alle gute Geschäfte.

Renate bekommt ja einen kleinen monatlichen Betrag auf ihr Konto ausgezahlt. Schuften darf sie aber wie ein Bügelautomat, vier Hemden Minimum in der Stunde, dazu kommen sämtliche Reparaturdienste. Mal fehlt ein Knopf, mal gibt es Löcher und die Hemden sind zu reparieren.

Wir bekommen nicht mal gutes Essen für unsere diversen Dienste. Das, was wir unter der Woche hier kriegen, gleicht einem Schweinetrog, freuen kann man sich nur auf die Wochenenden. Da kochen wir in den Gruppen selbstständig und genießen unsere Menüs auch gemeinsam. Damit bereitet man uns auf ein Leben in der Freiheit vor, selbstständiges Kochen gehört dazu.

Das heißt, wir arbeiten im Team zusammen und unabhängig, jeder erfüllt seinen Arbeitsauftrag mit Freude und diese willkommenen Abwechslungen sind für uns unentbehrlich.

Dieses Klostermenü bringt mich im Handumdrehen beinahe zum Kotzen. Der Geruch ist ausreichend und ich spiele Indianer und schleiche mich sofort. Ich nenne es „durch die ganze Woche". Hier werden alle Fleisch- und Wurstreste mit Nudeln und Kartoffeln mit einem Küchengerät zusammengemischt und mit reichlich Fett, das am Teller schwimmt, serviert. Bei allen gebührenden Anstrengungen kann man von mir nicht verlangen, dass ich das verspeise.

So kommt es, dass ich oft hungrig durch die Zimmer schleiche. Es gibt durchaus Schlimmeres, aber mir reicht der knurrende Magen. Deshalb finde ich es nicht so arg, dass wir zwei gesamte Unterrichtseinheiten in der Lehrküche verbringen.

Das sind meine Tage, denn hier fresse ich alles, was ich zwischen meine Zähne und in die Finger bekomme. Oder ich verstecke es in einer meiner Schürzentaschen, das fällt gar nicht auf. Die meisten sind in der Küche ohnehin rundlich gebaut und die Nonnen, die hier ihren Dienst verrichten, sowieso. Die Großküche kocht hier in gigantischem Ausmaß und es wird auch für draußen mitgekocht.

Ich versuche, so vernünftig wie für mich machbar über die Runden zu kommen. Bei jeder Gelegenheit verbringe ich wertvolle Zeit mit Maria, sie ist ja hier meine allerliebste Freundin. Warum, kann ich Ihnen auch umgehend verraten – weil sie das gleiche Ziel wie ich verfolgt.

Wenn wir uns treffen, mal bei ihr in der Gruppe oder bei mir, werden wir nicht mehr so genau beobachtet wie noch vor drei Monaten. Alles ist lockerer für mich geworden und das heißt, dass man mir Vertrauen entgegenbringt. Darüber bin ich erleichtert, weil es mir möglich macht, doch ein Stück freier zu sein, aber es macht mich nicht glücklich. Nach wie vor ist es so, dass mich unendliches Heimweh plagt und ich oft mit Tränen in den Augen einschlafe. Renate und Carola merken das nicht, ich aber befürchte, dass ich an gebrochenem Herzen leide.

So vergehen die Tage mit unterschiedlichen Stimmungsschwankungen, die man als Mädchen halt so durchmacht. Das ist weiter auch nicht auffällig, ich denke, das ist durchaus altersgerecht und normal in der Pubertät.

Gerade hier wurde mir aber immer wieder aufs Neue gelehrt, dass jeder für sich eine unterschiedliche Wahrnehmung hat und diese meist auch vertritt. Und mit der Religion ist es so wie mit vielen anderen fanatischen Überzeugungen, man versucht, das Gegenüber zu manipulieren. Dabei spielt es keine Rolle, wie alt wir sind oder was für ein Glaubensbekenntnis man hat.

Die Nonnen hier üben sich aber in Zurückhaltung, das gefällt nicht nur mir sehr gut, sondern auch den anderen Mädchen. Nur beim Lernen gibt es keine Ausnahmen. Im Kloster wird gebüffelt, egal, ob man das kann oder nicht, das Gehirn wird täglich trainiert, durchaus erfolgreich. Hier sind alle in der Schule gut und Nachhilfe gibt es kaum, da wir uns, wenn es nötig ist, in der Gruppe gegenseitig zu Hilfe eilen.

Gemeinsamkeit ist eine tragende Säule jeder Wohngemeinschaft, und je länger man unter einem Dach lebt, umso größer wird dieses Gefühl, dazuzugehören.

Es ist Herbst und die Blätter fallen beständig und in den schönsten Farben auf den Boden. Ich genieße dieses Naturschauspiel. Mit Maria versuchen wir, die Blätter im Fallen einzufangen, das ist ein Spaß!

Ich bin schon fertig für das Bett und will eigentlich leise und ohne Umwege in unser Zimmer verschwinden, als ich hinter mir die Erzieherin höre, die mir nachruft, ich möge bitte sofort in das Büro kommen, ich werde am Telefon verlangt. Als ich hingehe, spüre ich schon ein eigenartiges, beklemmendes Gefühl in der Brust. Eigentlich möchte ich nicht, aber ich gehe halt hinein und nehme den Hörer in die Hand.

Am anderen Ende der Leitung höre ich nur ein verzweifeltes Wimmern und Weinen, es ist mein Stiefvater. Er hat gerade meine Oma auf ihrem letzten Weg begleitet, sie ist verstorben!

Unfähig, viel nachzufragen, verabschiede ich mich und gehe wie in Trance zurück in mein Zimmer. Mit meinem Herzen habe ich diese nahende Katastrophe schon gespürt, aber ich wollte es nicht wahrhaben.

Ich lege mich auf mein Bett und weine, bis ich keine Tränenflüssigkeit mehr habe. Carola hält über die Nacht meine Hand beim Schlafen, da sie sich Sorgen um mich macht. Renate meint, ich solle eine Tablette schlucken, die sie immer hat, damit werde es leichter.

Aber ich will nicht, dass es leichter wird, ich will raus und zum Begräbnis! Der Krebs, an dem sie so lange litt, hat den Kampf gewonnen, aber nur, weil ich fortgebracht wurde. Davon bin ich überzeugt, sie verlor damit ihre Lebenslust. Genauso wie mir wurde ihr ein Stück vom Herzen herausgerissen und man sagt, nicht umsonst, der starb am gebrochenen Herzen. Nur so kam es, dass der Krebs letztendlich gesiegt hat.

Nun bin ich verloren, es ist komplett egal, wohin ich mich nun entwickle, es wird nichts mehr verändern können. Dieser Verlust hat mich mit voller Wucht getroffen, ich wurde geradlinig überfahren und ich wage zu bezweifeln, dass ich wieder aufstehen kann.

In der Früh bleibe ich im Bett und der Dienst, der übernimmt, serviert mir Tee und gute Laune. Man ist bemüht, mich zu beruhigen und mir Mut und Zuspruch zu geben.

Ich frage, ob ich zur Heimleitung darf, und bitte inständig um Erlaubnis. Die Erzieherin geht in das Büro und nach Absprache mit der Nonne kündigen mich die beiden telefonisch bei der Heimleitung an. Ich solle, sobald ich fähig dazu sei, in das Büro kommen, danach darf ich zur Heimleitung.

Irgendwann muss auch ich mal pinkeln und gehe danach in das Bad, um mich frisch zu machen. Mit unserer Erzieherin gehen wir hinunter und ich komme direkt wieder in das Zimmer neben der Pforte.

Er sitzt lässig vor mir und sieht mich verwundert an. Es scheint ihn zu irritieren, dass ich so verschwollene Augen habe. Ich entscheide, ihn gleich das zu fragen, was ich eigentlich will, bevor ich mich hinsetze.

„Lieber Herr Direktor, ich würde sie innigst bitten, mir die Erlaubnis zu erteilen, zum Begräbnis heimfahren zu dürfen. Es wäre möglich, dass man mich abholt und wieder zurück bringt. Mein Stiefvater würde die weite Fahrt auf sich nehmen und ich hätte die Gelegenheit, Abschied zu nehmen."

Ohne jegliche Regung schaut er mich weiter an und meint sachlich, aber unmissverständlich. „Nein, das kommt nicht infrage, weil das nicht deine Oma ist, die da nun leider verstorben ist." Egal, wie traurig ich darüber sein mag, er kann mir beim angeblich besten Willen nicht helfen.

Fünf Jahre nach meiner Geburt bekam ich sogar den gleichen Nachnamen wie meine Oma und jetzt erklärt mir dieses menschliche Monster, dass ich selber zurechtzukommen habe. Das werde ich auch machen, denn ab jetzt wird es schwierig werden, mich hier weiterhin einzusperren, jetzt habe ich es verdammt eilig. Mir ist egal, wann und wie ich nach Hause komme, aber ich komme dorthin!

Beinahe genauso unbeeindruckt wie er blicke ich durch ihn hindurch und stelle fest, dass es seine Fehlentscheidung ist! Verabschieden wie beim ersten Gespräch tue ich mich nicht, es ist vorbei auf beiden Seiten seit Beginn unserer Bekanntschaft.

Beim Zurückbringen in die Gruppe will unsere Nonne noch einige tröstende Worte loswerden. Man könne ja auch hier in der Sonntagsmesse eine kleine Messe lesen für die von uns Gegangenen im Gedenken an sie. Ja, und dass Menschen, die wir lieben, nicht sterben, sie bleiben in und mit uns.

Das finde ich genauso wenig beruhigend wie alles andere und ich betrachte das auch wesentlich anders. Verdammt, ich bin eine Jugendliche und man kann nicht verlangen, dass ich wie eine Erwachsene denke. Ehrlich gesagt bin ich froh, dass ich diese Fähigkeit nicht habe.

Traurige Wochen beginnen und vergehen genauso trostlos und einsam, wie sie begannen. Ich suche Zuflucht bei meinen Freundinnen und in meinen Büchern, ich lese sehr viel.

Die Lust, ein Instrument zu lernen, ist mir genauso vergangen wie so manche Streiche und mein geliebtes Duschenrutschen. Für ein schallendes Gruppengelächter bin ich nun nicht mehr verantwortlich. Meine Stimmung bleibt im Keller und es sind nur immer wieder die kleinen Gesten von meinen Freundinnen, die mir den Schmerz erträglicher machen.

Und es plagen mich seit einigen Tagen böse Träume, die mich zutiefst berühren. Im Traum gehe ich mit meiner Oma, meistens schrittgleich, einen Fluss entlang. An beiden Seiten nur Grünfläche und Büsche und das Wasser scheint grün zu sein. Da stolpert meine Oma in diesen Kanal, und obwohl keine Strömung vorhanden ist, kann sie plötzlich nicht schwimmen und sinkt ab. Direkt vor mir. Ich zögere keine Minute und springe nach, um ihr zu helfen, aber ich schaffe es nicht. Ich bin immer nah dran, aber erwische sie nicht mehr, sie sinkt immer weiter ab, bis ich sie nicht mehr sehen kann.

Fertig macht mich das alles, und zwar in einem ungeahnten Ausmaß, das ich bis jetzt nicht kannte. So was ist neu für mich und das macht mir Angst und bereitet mir großen Kummer. Aber wohin soll ich hier damit? Überall, wo man fragt, bekommt man immer die gleiche bescheuerte Antwort.

Die kommenden Wochen verbringe ich in einer Art Trance, mir ist alles vollkommen gleichgültig. Ich übe mich in der Nahrungsaufnahme. Die Fastenzeit, die im Kloster sehr genau gelebt und zelebriert wird, empfinde ich nicht mehr als belastend.

Tiefe Trauer macht es mir unmöglich, mich hier zu Hause und angekommen zu fühlen. Und obwohl man bemüht ist, finde ich keinen Zugang zu einem Erwachsenen. Es gelingt mir nicht, einen Einzigen zu finden, dem ich mich anvertrauen könnte oder möchte.

Wir haben ja zehn Tage Osterferien, die Schülerinnen können diese auch relativ arbeitsfrei gestalten. Die Mädchen, die zur Schule gehen, haben aber das ganze Kloster generell zu reinigen, auch die Kirche.

Von jeder Gruppe zwei, drei Mädchen werden die Kirche vor den Feierlichkeiten vom Kronlüster bis zur letzten Ikone polieren. Der Blumenschmuck und die Palmbuschen, also die gesamte Dekoration, wird von den Nonnen mit viel Hingabe selbst gefertigt. Eier wurden im Unterricht genügend bemalt und unterschiedlich gestaltet. Und natürlich werden alle Liedertexte so lange trainiert, bis auch ich sie kann. Textgenaue Wiedergabe.

Der Karfreitag ist ausschließlich dem Leiden Jesus gewidmet, die Kirchenglocken werden zum Andenken still bleiben. Das geht bis zum Karsamstag so, man gedenkt in Stille.

Dann endet für uns das Fasten, hier gibt es nach dem langen Gottesdienst eine genüssliche Osterjause.

Am Ostersonntag feiern wir die Auferstehung im Gottesdienst mit allen Bewohnern des Dorfes.

Drei Tage tägliches Kirchengehen und beten, sodass ich mich immer wieder ertappe, wie ich nach einem wachsenden Heiligenschein Ausschau halte. Im Gebet widme ich mich aber nicht dem Schöpfer und nicht seinen Leiden, sondern meiner älteren geliebten Dame.

Ich bete für uns – für sie und für mich und für die Kräfte, die ich noch benötigen werde. Ich halte im Gebet Zwiesprache mit dem Menschen, der mir am wichtigsten in meinem Leben war. Diese Stunden helfen mir, die traurigen Momente leichter zu überstehen, und meine Träume haben sich auch wieder verbessert.

Mit Maria, meiner besten Freundin, stecken wir jeden Tag die Köpfe zusammen, sie ist meine Stütze. Wir beschließen, unsere Sachen schon reisefertig zu machen, und jeder für sich bereitet eine Tasche vor, die wir sorgfältig an unterschiedlichen Plätzen verstecken.

Bei mir im Zimmer wird nicht geschnüffelt, weil jeder mit seinen eigenen Sachen so beschäftigt ist, dass man den anderen ihren Freiraum gibt.

Und ich lege Haare von mir zwischen Dinge, die für mich besonderen Wert haben. So weiß ich ziemlich schnell und sicher, ob jemand geschnüffelt hat.

Unser persönlicher Raum beschränkt sich hier auf vier bis sechs Quadratmeter und die sind jedem Mädchen von uns heilig. Den Erzieherinnen sowie den Nonnen traut man hier aber nicht, es gibt da immer die wildesten Erzählungen. Ich habe jedoch, seit ich hier bin – und das sind nun schon viele Wochen und einige Gottesdienste –, keinen unangemeldeten Besuch in unserem Zimmer entdeckt.

Ostern ist vorüber, alles ist auferstanden, nicht nur die Natur. Die Kerzen sind abgebrannt, die Stimme ist kaum noch hörbar und die Palmbuschen sind ebenfalls vertrocknet. Und bei uns kehrt schrittweise und unausweichlich der Klosteralltag wieder ein.

Nun müssen wir noch mal die Kirche gründlich reinigen, denn man möchte uns ja sinnvoll beschäftigen und am kommenden Sonntag wieder auf einer sauberen Sitzbank Platz nehmen.

Die Landbevölkerung kennt scheinbar keinen Mülleimer. Es ist wunderlich, was man alles als weggeworfen unter den Sitzreihen findet. Wir haben Staubsauger mit einer Menge Putztücher und Holzpolitur sowie Wassereimer mit Bodentüchern, Schmierseife für den Steinboden und allerlei Zeug.

Benötigt werden auch eine Leiter und Müllsäcke und Kehrichtschaufeln, der Glasreiniger darf auch nicht fehlen. Unsere Anweisung ist, alles wieder blitzblank zu putzen. Das wird jetzt natürlich nicht mehr so eine Menge Arbeit, da wir ja das Gröbste schon erledigt haben.

Auch die Kirchenbeleuchtung wurde mit Leiter und Staubtuch poliert, bis alles wieder in einem neuen, helleren Licht erstrahlt. Immerhin feierten wir die Auferstehung und das ist das wertvollste und heiligste Fest des Christentums.

Die Arbeit teilen wir selber auf und zu und Maria und ich machen das, was uns gefällt!

Ich bin schon wieder am Schnüffeln, diesmal in der Sakristei, das ist das Zimmer, in dem der Pfarrer seine persönlichen Habseligkeiten untergebracht hat. Hier verstauen sie ihre bodenlangen Roben und ihre gesteiften Unterhemden. Diese werden in der Reinigung mit Stärke besprüht, damit sie fester und wohlduftend sind und faltenfrei gebügelt. Diese Gewänder von ihnen haben mich immer schon beeindruckt.

Endlich bietet sich mir die Möglichkeit, mal selbst so ein Unterhemd anzuziehen und bei meinen Kolleginnen für einen Lacher zu sorgen.

Gedacht, getan und auch gleich mal an und ausprobiert. Ich in der heiligen Bekleidung von Hochwürden. Maria lacht schon bei der Anprobe und sieht mich bewundernd an. Klar, eine Show sollte auch nicht fehlen, so gehe ich hinaus zum Altar und gestalte eine eigene Messe. Ich sehe eigenartig aus, da ich ja nicht mal so hoch bin wie das Megafon am Rednerpult.

Lachen ohne Ende. Als ich das Gewand wieder sorgfältig auf einen Holzbügel in den Kasten zurückhängen möchte, entdecke ich zu meiner Verwunderung einen eigenartigen Schlüssel an einem Nagel im Kasten verwahrt. Natürlich möchte ich jetzt wissen, wo der hineinpasst, und so sehe ich mir alles genau an.

Es dauerte nicht lange und ich finde eine alte Holzkiste mit einem Deckel und darin liegt eine Stahlkassette und zu der habe ich nun den Schlüssel in der Hand!

Mehr Glück auf einmal brauch ich nicht mehr, im Handumdrehen ist der Schlüssel im Schloss und sperrt auf. Wir beide sind sprachlos und glotzen verwundert auf einen Haufen Geld direkt vor uns.

Es bleibt keine Zeit zum Nachdenken, es wird gehandelt, sofort. Diese Gelegenheit bekomme ich nicht noch mal. Dieses Geld ist meine FAHRKARTE in die Freiheit – wir stehlen es! Das gesamte Kleingeld verstaue ich im Bodenstaubsauger und das

Papiergeld teilen wir gleich auf, bevor wir in die Gruppe gehen. An den Osterfeiertagen wurden die Opferstöcke ordentlich befüllt und wir räumen das nun alles aus. Die Hosentaschen von Maria und mir sind mit Scheinen sichtbar gefüllt.

Danach und ohne Luftsprünge gehe ich normal mit dem Geld in die Gruppe und packe meine Tasche und das gestohlene Kleingeld um in eine Plastiktüte.

Wir werden die Flucht über die Kirche versuchen, die einmalige Gelegenheit nutzen, es könnte sein, dass es uns gelingt.

Ohne Verzögerung und ohne lange nachzudenken verschanzen wir uns unbemerkt im Glockenturm, direkt unter den Kirchenglocken.

Dort hocken wir mäuschenstill, mit perfekter Aussicht auf unseren gesamten Ort durch kleine Turmfenster und in alle Windrichtungen. Man vermutet uns irgendwo im Haus, aber man hat keine Ahnung, wo wir hin sind. Die Kirche wird einige Male abgesucht, aber danach sperrt man die Seitentür einfach wieder zu.

Maria und ich sind über eine steile, kleine, lange Stiege hinaufgestiegen. Es wird langsam finster. Wenn man wie wir auf etwas wartet, kontrolliert man seine eigene Atmung. Ich bin supernervös, darf mich aber nicht bemerkbar machen, das ist nicht einfach. Wir sehnen gemeinsam die Nacht herbei, denn im Schutze der Dunkelheit werden wir ausbrechen.

Wir hocken an den kleinen Kirchturmfenstern und beobachten alles, was sich bewegt, lautlos. Aber wir sprechen nicht, nur mit unserer Zeichensprache verständigen wir uns. Es ist uns bewusst, was es jetzt bedeuten würde, wenn man uns auf frischer Tat ertappt, davor haben wir größten Respekt. Vielleicht bemerkt man nicht gleich, dass wir verschwunden sind.

Ängste habe ich keine, ich spüre, dass es hinaus geht, und das Geld wird uns dabei nur hilfreich sein. Ich habe kein schlechtes Gewissen, in Anbetracht der Umstände kann ich von mir sagen, nein! Aber wir sind nicht dumm, Diebstahl ist eine Straftat, das weiß man auch in unserem heranwachsenden Alter.

Wir verweilen viele Stunden und es ist eine gefühlte Ewigkeit, bis endlich die Straßenbeleuchtung ausgeht. Als man im

Dorf schon kein Licht mehr sieht und kein Autolärm mehr zu hören ist, machen wir uns auf den Weg.

Kriechend und ganz langsam, die einzige Lichtquelle ist ein Feuerzeug. Den Turm hinunter, durch den Gang von hinten in die Kirche hinein, den Gang die Mitte entlang. Vor der Eingangstür haben wir noch ein Schmiedeeisentor, das es zu überwinden gilt. Dieses überklettern wir aber ganz einfach, an der Oberseite ist es ja offen. Aber die Haupttür ist ein gutes, altes, dickes Holztor und natürlich versperrt.

Ohne Werkzeug, nur mit der reinen Muskelkraft und dem eisernen Willen, da hinauszugehen, treten wir gemeinsam diese Holztür auf und es fliegen die Späne. Das geht nicht ohne Lärm, aber es wird niemand auf uns aufmerksam und in einigen Minuten stehen wir beide vor der Kirche und gemeinsam in der ersehnten Freiheit.

Schnell gehen wir die lange, schmale Gasse hinunter, aus der Ortschaft raus, ohne zurückzublicken, und halten uns fest an den Händen. Wir riskieren nichts. Wenn ein Auto auftaucht, verstecken wir uns mit einem Satz am Straßenrand und marschieren erst weiter, wenn der Scheinwerfer eine sichtbare Distanz zurückgelegt hat.

Wir lachen und blödeln und sind voller Lebensfreude, einfach unbeschreiblich. Total überraschend tat sich für uns so eine simple Möglichkeit auf und wir ergreifen diese Chance ohne jegliche Planung. Unvorstellbar, genau zum richtigen Zeitpunkt am richtigen Ort – einfach sensationell!

Maria ist ortskundig und sie verfügt über wichtige Kontakte, die wir noch benötigen werden. Den Heimvorteil, den sie hat, nutzen wir jetzt unverschämt aus.

Wir wandern, bis der Frühverkehr einsetzt, danach geht es, mittlerweile erschöpft, in den Wald. Ich kann auch angelehnt an einen Baumstamm sitzend schlafen, die Tasche unter dem Kopf. Schulter an Schulter dösen wir gemeinsam total erschöpft, aber glücklich ein.

Maria meint, dass es eine Vermisstenanzeige gibt und jeder Streifenwagen über uns informiert ist und natürlich Ausschau hält. Wir werden den halben Tag verschlafen und mal unsere Füße rasten lassen.

Die Luft der Freiheit lässt mich Purzelbäume schlagen, es macht meine Trauer ein Stück weit erträglicher. Ich bin vielleicht ein wenig verdreht im Denken, aber ich glaube, dass meine Oma mein Schutzengel ist und dass sie als solcher ihr wachsames, liebendes Auge auf mich wirft. Lange hätte ich es dort bestimmt nicht mehr ausgehalten, ich war mit meinen Kräften am Ende angelangt.

Singend und lachend machen wir uns auf den Weg in ein Lebensmittelgeschäft. Dort kaufen wir mal ordentlich ein, alles, was wir brauchen und schleppen können. Die Plastiktüten sind bis zu zwei Dritteln befüllt und so setzen wir uns ganz unverschämt in einen Postbus.

Maria löst die Karten, sie ist ja deutlich größer als ich, unterdessen reserviere ich die Sitzreihe ganz hinten im Bus. Wir besprechen auch, was wir im Ernstfall machen, wenn sich uns ein Verdächtiger nähert. Dann teilen sich unsere Wege umgehend, jeder kommt dann selber vielleicht weiter.

Dazu kommt es aber nicht, es gibt keinen unerwarteten Zwischenstopp bis auf die öffentlichen Haltestellen, und wir fahren mit dem Bus in die nächste Landeshauptstadt.

Kaum ausgestiegen und um die nächste Straßenecke gebogen fallen wir uns in die Arme. Beide wissen wir nun, unsere spektakuläre Flucht ist gelungen, so schnell wird man uns hier in der Stadt nicht aufgreifen können. Maria benützt auch gleich die nächste Telefonzelle und ruft Freunde von sich an.

Am selben Abend lerne ich totale Motorradfans kennen, wir hängen uns an diese Truppe an. Ich sehe diese drei Typen und einer davon gefällt mir, noch bevor er sich bei mir vorstellt.

Helme wurden mitgebracht und ab geht die Fahrt in ein anderes angrenzendes Bundesland, wo wir für ein, zwei Wochen untertauchen können. Marias Freund hat dorthin gute Kontakte und er meint, wir müssten dringend fort von hier, denn auch er will keine Probleme mit der Polizei bekommen. Maria hat ihm ja alles genau erzählt.

Dass wir die Kirche ausräumten, wurde am gleichen Abend noch kräftig begossen und gefeiert und ich war so betrunken, dass ich nicht mehr stehen konnte. Das erste Mal, dass ich die Kontrolle über mich verlor, und es hat mir gefallen.

Wir sind in einem Klub und ich war in so einem noch nie, sehr gut besucht. Eine Unterhaltung ist nur möglich, wenn man sich vor Ort in das Ohr brüllt. Der Zigarettenrauch vernebelt einem die Sicht zum Tresen gegenüber. Das macht uns aber nichts, ich bleibe in Marias Nähe und bei meinem neuen Schwarm.

Für mich sieht er so toll aus, dass ich es kaum schaffe, woanders hinzuschauen. Wir lachen und rauchen und trinken, gehen aber nicht tanzen, auch Maria nicht. Wir genießen die ausgelassene Stimmung auch so.

Die Biker, die uns begleiten, sind nicht nur nett und gut aussehend, ich gewinne den Eindruck, dass man uns mag. An den Dialekt habe ich mich schon angepasst und bei mir hört sich dieses rollende R noch viel lustiger an. Das sorgt immer für eine Menge Unterhaltung. Nasch ob – heißt so viel wie: Verschwinde von hier! Eine wülde Henne – heißt so viel wie: Ich bin eine wilde Henne. Ja Hoi, ist so die gängige Begrüßungsfloskel. Pass auf, sonst pösch ich dir ane – heißt so viel wie: Gib acht, sonst bekommst eine Ohrfeige. Dazu mischt sich nun mein Dialekt und das Gelächter ist perfekt.

Wir finden für die nächsten Tage einen sicheren Unterschlupf bei dem Typen, bei dem ich auf dem Rücksitz hocke. Er lebt allein und scheut sich nicht, uns weiterzuhelfen. Lange werde ich ja nicht bleiben, denn ich will ja noch heim. Maria und ich sind unzertrennlich und Angst, dass unsere Flucht bald enden könnte, haben wir beide nicht. Dazu sind wir hier in zu guter Obhut.

Am kommenden Abend gibt es bei ihm zu Hause eine Party, wo der Alkohol wieder besonders gut schmeckt. Und ich lasse mich von meinem neuen Schwarm am linken Unterarm tätowieren. Am nächsten Morgen trage ich ein dunkelblaues, schön geformtes Herz auf meiner Haut. Ich war aber nicht zu besoffen, um zu vermerken: „Bitte keinen Namen!"

Einige Tage und Nächte verbringen wir nur mit Feiern, dazu gehört auch das Rauchen von Cannabis, das mir zunehmend gefällt! Man ist gleich in einem rauschähnlichen Zustand und muss dafür nicht saufen, bis man eine eklige Fahne mitschleppt. Respekt habe ich eher vor dem Alkohol, weil mir bewusst ist, was der für Nebenwirkungen zeigt.

Ich bin total verknallt in diesen unwiderstehlichen Typen und das Kondom, das mir Maria mal zusteckt, werde ich benutzen. Wir haben in jener Nacht Sex und ich verliere meine Unschuld, wenn man das so sagen kann. Ich bin älter als 16 und habe mein erstes positives Sexerlebnis mit einem erfahrenen Mann.

Maria macht das auch mit ihrem Freund und es ist selbstverständlich, dass wir danach über jedes Detail plaudern. Ob meine Liebe so groß ist, dass ich bleibe, wird sich erst zeigen. Er würde es sich jedenfalls von Herzen wünschen, er könnte sich überhaupt vorstellen, mit mir zusammenzubleiben.

Aber ich machte von Anfang an klar, dass ich mal heim muss. Und daran werde ich festhalten. Wir sind beide sehr heimatverbunden, denn er kann sich nicht vorstellen, mich zu begleiten. Gemeinsam verbringen wir zehn glückliche Tage, acht davon auf Wolke sieben. Das Aneinanderreiben der Körper und der Austausch von Körperflüssigkeiten ist noch besser als Cannabis.

Das macht alles für mich nicht leichter, als er mich am kommenden Wochentag zu einem weit entfernten Bahnhof bringt. Es ist unsere letzte gemeinsame Motorradfahrt!

Mit einer heftigen Knutscherei verabschieden wir uns und meinen, dass wir uns wohl mal wieder treffen werden.

Aber Maria kennt mich, sie weiß, ich muss weiter! Mit dieser Gewissheit wird es ein Stück einfacher, denn Freunde wollen, dass man glücklich ist.

Wir verabschieden uns mit Küssen und ich verspreche, egal, was kommt, ich würde mich melden.

Ich löse am Bahnhof ein Ticket, setze mich in den Warteraum und warte auf meinen Zug, der mich endlich heim bringen wird. Müde und etwas nervös warte ich hier, bis mein Zug am Bahnsteig einrollt.

Bevor ich aber zum Bahnsteig komme, werde ich von zwei Polizisten wortlos festgehalten und festgenommen. Hier, nachdem ich die Fahrkarte löste, endet meine spektakuläre Flucht.

Ich komme auf das Wachzimmer gleich daneben zur ersten Einvernahme. Es wird eine Beamtin hinzugezogen, die meine gesamten Sachen inspiziert und natürlich mein gestohlenes Geld übernimmt. Viel ist aber nicht mehr vorhanden.

Man nimmt mir bis auf meine Kleidung und die Zigaretten alles weg. Der nächste Weg wird in eine Haftzelle in der schönen Landeshauptstadt sein.

Wie ich hier erfahre, ist kein Kloster mehr bereit, mich aufzunehmen, das heißt, man spielt den Ball wieder zu den zuständigen Behörden zurück.

Ich werde überstellt mit einem Polizeiauto und lande nach einer halben Stunde in einer Haftanstalt. Hier werde ich aber gesondert behandelt, bis man Bescheid bekommt, wo man denn nun mit mir hin soll. Ich bin ja noch minderjährig und man will nicht, dass ich mit den schweren Mädchen zusammenkomme.

Das bedeutet, ich bleibe allein in einer Haftzelle, bekomme aber meine Zigaretten und der Großteil des diensthabenden Personals ist sehr freundlich.

Es ist eine lange Nacht auf einem unbequemen Bett zu Ende gegangen. Ein Bad befindet sich auch hier in der Zelle, ein Waschbecken und eine Toilettenanlage und ein kleiner Schrank für Persönliches, wenn man noch was hat.

Am Vormittag des ersten Tages kommt eine Beamtin zu einer Befragung und ihr erzähle ich genau, wie sich das in der Kirche überhaupt ergeben hat. Ich bin nicht gewaltsam eingebrochen, aber ich bin ausgebrochen. Die Stahlkasse haben wir ja, nachdem ich den Schlüssel beim Spielen gefunden hatte, normal aufgesperrt.

Ich verstehe also nicht, wie man hier ernsthaft von einem Raubüberfall sprechen kann! Den besagten Schlüssel habe ich entdeckt und danach die einmalige Chance ergriffen fortzukommen. Noch mal versichere ich, dass ich jede Gelegenheit beim Schopf gepackt hätte und es schwirig sein würde, mich in so einer Institution wegzusperren.

Nun werden abermals die Eltern von den Behörden verständigt. Das freut mich, denn da wird man bemerken, was für Leute das sind. Denen wäre es auch einerlei, wenn ich im Inn mit dem Kopf nach unten schwimmen würde.

Man möchte aber auch dringlich wissen, wo sich Maria jetzt aufhält wegen der Aussage. Dazu bin ich aber nicht in der Lage, weil ich im Dauerrausch mit den Leuten unterwegs war, es mangelt mir an jeglicher Orientierung. Derzeit habe ich keine Ahnung, wo wir die letzten Tage unterwegs waren. Wir trennten uns und jeder ging seine eigenen Wege. Immer wieder beteuere ich, dass ich heim zu meiner Familie und endlich zum Grab von meiner alten Dame möchte.

Diese Beamtin kommt fast täglich vorbei und hört mir einfach immer wieder geduldig und freundlich zu. Einmal lächelt sie mich an und meint ganz entschlossen, nachdem es bis jetzt meine leiblichen Eltern nicht geschafft hätten, sich hier zu melden, werde sie nun selbst mit der Landesregierung in meinem Heimatbundesland Kontakt aufnehmen. Denn hier kann ich nicht bleiben, ich darf nicht mal die Zelle verlassen wegen der anderen hier. Sie verspricht mir, sich nun persönlich hinter mich zu stellen. Ich kenne sie nur von unseren Gesprächen her, aber ich weiß, dass sie sich für mich einsetzen wird.

Nach einer sehr langen Woche endet für mich die Haft, ich werde wieder entlassen und bin auf freiem Fuß. Mit der Auflage – und ich kann es kaum glauben –, mich umgehend in mein Bundesland zu begeben! Dort soll ich mich bei der zuständigen Landesregierung sowie beim Jugendamt melden. Mit Tränen in den Augen und tiefer Dankbarkeit verabschiede ich mich bei dieser Weltklasse-Frau!

Bis heute ist mir unklar, was die dort überhaupt war, denn unterschrieben habe ich gar nichts. Vielleicht war sie eine Jugendfürsorgerin, keine Ahnung, aber sie hatte die Fähigkeit zur Herzensgüte. Ihr einziger Beweggrund war, mir zu helfen und mich als normales Mädchen zu sehen und mich nicht wie alle anderen vor ihr ahnungslos zu verurteilen.

Ich werde die Heimreise wohl selbst per Autostopp antreten, endlich frei! Was für ein Gefühl! Ich bin ja etwas kurz von meiner Körpergröße her, aber nun bin ich ein Riese.

Per Anhalter geht es gleich mal mit dem ersten Überlandfahrer durch bis zu Tauernautobahn. Dort endet meine lässige, unkomplizierte, kostenlose Mitfahrgelegenheit. Die meisten Männer sind ja der Ansicht, dass Mädchen, die allein unterwegs sind, einem Abenteuer nicht abgeneigt seien, und machen auch ganz klare Angebote. Darauf möchte ich mich aber nicht einlassen und bis jetzt hatte ich unwahrscheinliches Glück mit meinen Fahrern.

Nun sollte es nicht mehr allzu lange dauern und ich komme endlich nach monatelangem Kampf zurück in meine Heimat. Der erste Besuch von mir wird bei meiner Oma am Friedhof sein. Ich möchte sehen, wie ihr Grab aussieht und wie ich mich fühle, wenn ich da stehe und nur noch über das Beten mit ihr sprechen kann.

Natürlich frage mich des Öfteren, was das alles nun überhaupt gebracht hat. Ich bin nicht gerade gebildeter geworden, eher verwildert und unbeugsam. Einige Nonnen sowie Sozialarbeiter haben nicht nur Haare verloren, sondern auch mengenweise Nervenstränge. Und persönlich könnte ich nicht sagen, dass ein Pfarrer mich in glücklicher Erinnerung behält. Wie denn auch – ich als Kirchenräuberin!

Ein Zurück in eine Anstalt wird es für mich nicht mehr geben. Gestrandet und total abgekämpft, aber zufrieden bin ich wieder in meiner Heimat angekommen, das ist es, was für mich zählt.

Und ich pfeife auf diese wohlgemeinten Ratschläge, genauso wie auf die erziehenden Maßnahmen. Die sollte man eher mal bei den allzu klugen Erwachsenen anwenden, die selber einmal Kinder waren und das aber alle schon wieder vergessen haben!

Man hat sich aber entschieden, mir doch noch eine Chance zu geben, und darüber bin ich unsagbar froh! Was hätte es auch für einen Sinn gehabt, immer wieder nach mir zu suchen?

Hier, in diesem Bergpanorama, fühle ich mich pudelwohl und marschiere nur so dahin. Unfassbar, wie sich das nach dieser Gefängniswoche für mich entwickelte! Ich bete still und leise ein Gebet der aufrichtigen Dankbarkeit. Mir ist bewusst, dass mir abermals eine mir unbekannte Person ihre helfende Hand zum Aufstehen angeboten hat. Allein wäre ich wahrscheinlich in irgendeiner Anstalt für geistig Verwirrte gelandet.

Aber diese Sorgen plagen mich nicht mehr, ich atme die Freiheit und spüre die frische, klare Bergluft und ich genieße jeden Atemzug, denn ich weiß, jetzt bin ich frei!

Ich bin noch nicht mal siebzehn und irgendwie wird es weitergehen, von der Zukunft habe ich weder einen Plan noch plagen mich Sorgen. Ich schlag mich schon durch, auch bei rauem Seegang habe ich mein Boot meist gut in der Hand.

Die Sonne rutscht schön langsam, aber beständig hinter die Berge und verabschiedet sich bis zum frühen Morgengrauen. Ich werde mir wieder einen Platz im Freien suchen, wo ich einige Stunden schlafen kann. Mitten in der Nacht möchte ich nach keiner Fahrgelegenheit Ausschau halten.

Ich verkrieche mich in eine Scheune, wo ausreichend Heu und ein altes Mähgerät untergebracht sind. Hier vergrabe ich mich bis zum Hals und reibe meine Füße aneinander, bis ich eingeschlafen bin.

Friedlich und ohne Überraschungen werde ich früh am Morgen von den zwitschernden Vögeln geweckt. Eine herrliche Nacht im Heubett für mich allein inmitten der Natur! Um die Ecke fließt erfrischendes Wasser, eiskalt und kristallklar. Morgentoilette im Freien, sogar mit Zähneputzen und Frisieren. Ich habe alles mit, was ich benötige, das finde ich extra cool.

Schön langsam werde ich hungrig und es knurrt mein Magen. Gestern hatte ich ja nur Kleinigkeiten, die mich nicht wirklich satt machten. Ich werde also, sobald ich meine Haare vom Heu befreit habe, weiterziehen.

Zuerst geht es schnell zur Bundesstraße, danach suche ich mir eine übersichtliche Stelle, wo man stehen bleiben kann, und dann strecke ich selbstbewusst den Daumen in die Höhe.

Ich warte keine halbe Stunde, als ein weißer Kleintransporter stehen bleibt mit zwei ausländischen Männern. Beide sind entweder Inder oder Türken und nicht älter als dreißig Jahre alt. Ich will die Beifahrertür schon wieder zuschlagen, als mir der

Fahrer in schlechtem, aber verständlichem Deutsch vermittelt, ich bräuchte keine Angst zu haben.

Im gleichen Moment sitze ich mit meiner Umhängetasche auf der vorderen Sitzbank. Unbekümmert und total furchtlos fahre ich mit und nach einer Weile knappern wir gemeinsam Sonnenblumenkerne!

Man sieht mir scheinbar die Strapazen, die ich die letzten Monate durchmachte, auch an. Die beiden glauben, dass es mir schlecht geht, und möchten wissen, wie ich hierherkam. Lügen muss ich nun nicht mehr und so erzähle ich stolz, dass man mich vorzeitig aus einem Heim entlassen habe. Die beiden schauen mich ungläubig an und ich versichere ihnen, dass man mich aus einem Kloster rausgeschmissen hätte und das mein einziger Herzenswunsch in den vergangenen qualvollen Monaten gewesen sei.

Sie fahren mich bis in mein schönstes Bundesland und es sollte heute kein Problem mehr werden, bis nach Hause zu kommen. Ich bin nur noch neunzig Kilometer entfernt von meinem Zuhause!

Zwei Mal fahre ich noch bei unterschiedlichen Leuten mit und nun sehe ich schon auf der Autobahn die schönste Badewanne Österreichs.

Nun erfassen auch mich die Emotionen, mir rinnen leise mit lautlosem Schluchzen die Tränen über die Wangen. Es ist mir gelungen, diese Tortur irgendwie durchzustehen:

Die Jahre der Bundesheerausbildung bei meiner leiblichen Großmutter, genannt der Feldwebel. Ihr Lieblingsbuch am Nachtkästchen, der Kampf, all das hat mir immer wieder geholfen, an mich zu glauben. Und meine unverbesserlichen Onkel kamen mir mit ihren Trainingseinheiten sehr zugute.

Hier wurde mir gelehrt, wie ich mich erfolgreich verteidige. Und egal, was für widrige Umstände, Aufgeben gibt es nicht! Dieses Wort kannte meine richtige Oma gar nicht, das existierte einfach nicht. Dieser unbeugsamen Grundhaltung verdanke ich meinen Sieg!

Bei meinem letzten Fahrer bedanke ich mich grinsend und steige flott und zielstrebig aus.

Ich gehe nun vom Stadtrand und der Autobahnabfahrt zu Fuß zum Friedhof. Nach langem Suchen, erschöpft und endlich am Ziel, der letzte Ort der Begegnung!

Ich sehe so viele Gräber und lese so viele Namen und bin immer etwas bedrückt, wenn ich einen süßen Engel entdecke. Als Sinnbild für die Jugend erinnert uns diese Figur meist an einen jungen Menschen, der viel zu früh heimgehen musste! Egal, ob man sie kennt oder nicht, man sieht ein Bild am Grabstein und ist berührt.

Ich habe die ganze Ruhestätte beinahe hinter mir. Als ich wieder zu lesen beginne, entdecke ich ein Holzkreuz, ein Hinweis darauf, dass dieser Mensch erst vor kürzerer Zeit seinen letzten Weg gegangen ist. Und ich gehe in die Knie – hier steht der Name meiner geliebten älteren Dame!

Zutiefst im Herzen berührt weine ich eine mir unbekannte Zeit, bis ich keine Tränenflüssigkeit mehr in mir habe. Ich möchte noch in unsere gemeinsame Kirche gehen, in jene Kirche, in der ich als Kind groß wurde. Immer begleitet von einer wunderbaren älteren, feinen und klugen Dame. Die Kirche ist nicht sehr groß, aber sehr ruhig und es ist niemand vor Ort, als ich eintrete.

Ich entzünde eine kleine Kerze, die ich beim Eingang erwerbe, und stelle sie zum Gedenken zu allen anderen Friedenslichtern dazu. Nun hocke ich vorne in einer Bankreihe und bete, für mich und den Rest der Welt, aber am meisten für meine ältere Dame, die ich so sehr vermisse! Ich bitte Maria, die Muttergottes, sie bei sich aufzunehmen und zu verwöhnen! Sie war ein sehr religiöser, gutgläubiger Mensch, eben ein Engel auf Erden für mich! Und ich hoffe inständig, dass sie mich als Himmelswesen weiterhin schützend begleitet.

Bis zum Abend hocke ich hier und mache mich danach wieder zu Fuß auf den Weg. Dieses Gehen erdet mich wieder.

Ich suche nach meinem Stiefvater, er ist der Einzige, der mich eventuell vermisst und mir sofort wieder helfen würde. In der Firma, wo er arbeitet, werde ich auch fündig und warte, bis er von seiner Schicht heimfährt.

Seine Arbeitskollegen staunen, als sie mich sehen, es hat mit meiner Rückkehr keiner mehr so wirklich gerechnet.

In der Arbeitsuniform und nach einer innigen Umarmung fahren wir nach Hause zu seiner neuen Lebensgefährtin. Die lebt in einem kleinen, urigen Haus, hier kann ich vorübergehend bleiben. Morgen werde ich mich wie versprochen bei der Landesregierung melden.

Gesagt, getan. Ich melde mich persönlich bei einem Beamten, der unzählige Telefonate führt. Ich sitze Stunden mal da vor der Tür, mal beim Jugendamt und das mit unerträglichen Schmerzen beim Wasserlassen.

Man kommt zu dem Entschluss, mich in einem gesonderten Verfahren als volljährig zu erklären, wenn ich jemanden finde, der bereit ist, mit seiner Unterschrift für mich zu bürgen. Denn das Gesetz verlangt, dass ein Erwachsener für mich unterschreibt!!

Diese Person finde ich, ohne lange zu suchen. Und wahrscheinlich ohne lange zu überlegen, unterschreibt die neue Lebensgefährtin meines Stiefvaters. Sie ist um die 24 Jahre alt, religiös und selbst das fünfte Kind einer Bauernfamilie und Mutter zweier kleiner Kinder, eines davon ist gerade mal einige Wochen auf der Welt. Sie vertraut mir, obwohl sie mich nicht kennt, und gibt mir damit die Möglichkeit, mich selbstständig nach meinem Willen zu entwickeln. Jetzt bin ich endgültig frei!

Mich plagt eine Nierenbeckenentzündung und so lande ich vorerst in ihrem Bett. Woher, weiß ich nicht, aber sie besorgt mir die für mich notwendigen Medikamente, denn derzeit gibt es keinerlei Sozialleistungen für mich.

Im Zuge dessen werde ich von den Behörden für volljährig erklärt. Aber meine erkämpfte, wieder erworbene Freiheit lässt mich diese ganzen Strapazen der Bettruhe und Verzweiflung recht bald vergessen.

Die kommenden Wochen darf ich wieder bei meinem Stiefvater wohnen. Diesmal aber ganz offiziell wie all die Jahre davor auch und ohne jeglichen Ärger seitens irgendwelcher dienstbeflissener Beamten. Ich kann mich rühren und die einzige Auflage, die ich von den Behörden erhalte, ist, dass eine Bewährungshelferin mir wöchentlich einen Besuch abstattet. Sie berät mich auch bei Amtswegen und organisiert für mich. Es dauert nur wenige Tage und ich bekomme mit ihrer Hilfe in der Nähe eine kleine, eingerichtete Wohnung.

Natürlich muss das auch leistbar sein und so lande ich als Hilfsarbeiterin in einer Fabrik. Zur Arbeit fahre ich freudestrahlend mir dem Fahrrad. Ich bin wohl die Einzige, die sich an einem solchen minderwertigen Job erfreut.

Meine Bewährungshelferin erklärt mir auch, wie es rechtlich für mich aussieht und weitergehen wird. Da ich für volljährig erklärt und als unerziehbar entlassen wurde, sieht der Staat von weiteren Maßnahmen ab. Das heißt aber auch, dass ich bereits eine Vorstrafe habe, denn auch das Entlassen in die Selbstständigkeit aufgrund von Unerziehbarkeit bringt seitens des Gesetzgebers eine Vorstrafe mit sich. Klar ist es auch, dass es noch zu einer gesonderten Gerichtsverhandlung kommen wird bezüglich meiner Selbstbedienung am Opferstock.

Glücklich und zufrieden lebe ich wie alle anderen meines Alters dahin. Ich gehe am Wochenende aus, in unterschiedliche Lokale, und feiere eine Party nach der anderen. Mein Leben ist wieder lebenswert geworden. Und es dauert nicht lange und mir läuft meine nächste große Liebe über den Weg.

Monate später bekomme ich mit der Post die Vorladung zur Gerichtsverhandlung in das Bundesland, in dem ich die Straftat begangen habe. Ich werde die weite Fahrt dankend mit meiner Sozialarbeiterin zurücklegen, sie muss mich begleiten.

Pünktlich zum Termin sind wir vor Ort und ich bekomme auch einen Pflichtverteidiger vom örtlichen Gericht zugesprochen. Darauf hätte ich gleich verzichten sollen. Aber ich ahnte das Ausmaß meiner Strafe nicht. Ich bin allein angeklagt und geständig, was das Verfahren beschleunigt, aber durchaus nicht zu meinen Gunsten! Der Richter mag mich nicht und hält mich für einen unerzogenen Fratz, wobei er ja bedingt auch recht hat. Ich bin schuldig im Sinne der Anklage, zudem auch geständig und werde für schweren Raub verurteilt. Das Strafmaß ist derart erschütternd, dass ich nicht in der Lage bin, Einspruch zu erheben.

Die höchste bedingte Strafe plus Bewährungsauflagen und einer Vorstrafe, die die nächsten zwei Jahrzehnte in meinem Führungszeugnis bleiben wird. Also sechs Monate auf fünf Jahre. Sollte ich erneut straffällig werden, finde ich mich demnächst hinter Gittern wieder. Mein Pflichtverteidiger ist mit dem Urteil sichtlich zufrieden, es sei angeblich alles super gelaufen. Ja klar, für ihn schon, für mich wird es ungleich schwerer, ein normales Leben zu führen. Diesen besagten Raub habe ich so nicht begangen, würde man das genauer untersuchen. Man kann es ganz gut mit einem Autodiebstahl vergleichen, wenn der Besitzer den Schlüssel im Zündschloss stecken lässt.

Dass ich den Schlüssel gefunden habe, das interessierte auch mein Verteidiger kaum. Und dass ich ausgebrochen und nicht eingebrochen bin, hörte keiner mehr. Und wo ist meine Mittäterin? Die könnte meine Aussagen ja bestätigen, sie wird angeblich gesondert verurteilt. Mir wird im selben Moment klar, ich stehe nun mit beiden Beinen am Rand der Gesellschaft! Ein Zurück wird für mich ein steiniger Weg. Wer nimmt denn bitte einen Lehrling mit zwei Vorstrafen?

Wir kommen gemeinsam noch am selben Tag in meinem Bundesland an, ich halt mit einer Vorstrafe mehr im Rucksack.

Mein weiteres Leben besteht aus einer Hilfsarbeit und am Wochenende feiere ich Party. Mein Interesse am anderen Geschlecht wird immer größer und ich rutsche immer tiefer in den Abgrund. Ich verbringe Monate bis zu meiner Volljährigkeit mit Mädchen aus dem horizontalen Gewerbe. Hier habe ich das gefunden, was ich suchte, eine Gemeinschaft, die jeden unterstützt, egal, wo der auch herkommt. Mit einem Fuß stehe ich hier schon fix am Straßenrand mitten im Rotlichtmilieu!

Zu diesem Zeitpunkt verdiene ich an zwei Abenden mehr Geld als in einem Monat Akkordarbeit am Fließband. Das bedeutet, zwei Abende arbeiten und danach tun und machen, was man will, und das mit ausreichend Geld. Klar, dass ich davon die Finger nicht lassen kann. Und ich bin und bleibe unabhängig, lerne aber hier mein persönliches männliches Schicksal kennen. Unbändig schön und beinahe gleich wild und zügellos wie ich!

Ich küsse ihn wie im Rausch, wir sind voneinander stark abhängig, nicht nur körperlich, auch emotional. Aber ich stehe nur mit einem Fuß im Rotlichtmilieu, ich werde mich vom Rande der Gesellschaft Schritt für Schritt in mühsamer Kleinarbeit wieder zurückkämpfen in ein normales, gutbürgerliches Leben!

Nachwort

Wie kam es dazu, dass ich mich unerwartet nach zwei Jahrzehnten wieder mit der römisch katholischen Kirche auseinandersetzen sollte? Nach meiner Berufsausbildung kam ich dienstlich zufällig in ein Kloster, um dort meine Tätigkeit auszuüben. Ich lernte dort acht wunderbare, ältere Nonnen kennen, die in diesem schönen, riesigen Gebäude in der Klosterpension gemeinsam lebten. Die jüngste davon war 86 Jahre alt. Ich verbrachte meine Dienstzeit meist an den Wochenenden mit ihnen und jeder einzelne Tag war für mich ein wunderliches, aber zugleich läuterndes Erlebnis. Beim ersten Abenddienst, als ich durch diese dicken, kalten Mauern den Gang entlang ging, war ich sofort wieder in meiner Jugendzeit angekommen.

Die Gerüche aus der Küche von den übrig gebliebenen Speisen, das alte Holz, die Reinigungsmittel, mit denen alles säuberlich poliert wird. Diese Eindrücke katapultierten mich in meine längst versteckten Erinnerungen zurück. Dorthin, wo ich schon Jahre nicht mehr war und auch nicht zwingend hin wollte!

Ich dachte eigentlich, dass ich recht zufrieden sein dürfte mit mir und allem, was vergangen war. Ich war erstaunt über diese Erinnerungen, über Hunderte von Informationen, die direkt in mein Gedächtnis rutschten. Nicht bestellt und nicht erwartet überkamen sie mich schlagartig.

Das löste unterschiedliche Emotionen aus und jedes Mal, wenn ich hinkam, gab es einen neuen aufregenden Tag für mich. In meinen Erinnerungen huschte alles vorbei, Dinge, die ich verdrängt hatte, Stunden, die ich nicht noch mal mitmachen wollte – es war alles hier greifbar und geisterhaft! Jedes Mal, wenn ich in diesem langen, kalten, oft dämmrigen Gang stand, wo man immer wissen musste, wo sich der Lichtschalter befand, landete ich mit allen meinen Sinnen direkt in der Vergangenheit!

Doch ich war trotzdem dankbar dafür, benötigte aber einige Dienste, bis ich damit umgehen konnte. Diese Gefühle waren derart intensiv, so ähnlich und so treffend, dass es mich wieder tief im Herzen berührte. Ich erlebte wieder diese Trennung mit und ich sah vor mir, was ich alles in den unterschiedlichen Klöstern wissentlich angestellt hatte. Ich stand mit beiden Beinen voll in der verborgenen Erinnerung! Und fasste zeitgleich den bedeutenden Entschluss, das alles hier niederzuschreiben. Den letzten Auslöser möchte ich Ihnen aber nicht vorenthalten.

Vor unzähligen Jahren, in einem Anfall von nackter Verzweiflung, schwor ich mir, nie mehr ein Kirchenlied zu singen, ich löschte alle Texte aus meinen Gedanken! Es kam aber anders. Ich begleitete eine mir lieb gewordene Nonne bis zu ihrer letzten Reise. Und sie liebte Kirchenlieder über alles. Als ihre Schmerzen zu stark wurden, begann sie immer wieder vor sich hin zu singen, in meiner Gegenwart.

Dabei sah sie mich nur mit ihrem sanften Blick an, aber direkt in mein Herz! In meinen Armen im Bett liegend, frisch gewaschen, eingeölt und bekleidet sangen wir nun gemeinsam das eine Kirchenlied: Ich weiß, dass mein Erlöser lebt, alle drei von mir verwunschenen Liedtexte. Sie blickte mich ruhig, aber zufrieden an und ich wünschte ihr eine friedvolle, sanfte letzte Reise. Geh nach Hause und komme zufrieden an!

Nach unserem Lied streichelte sie mir sanft über die Wange und meinte: „Mein Kind, ich hätte für dich singen müssen", und sie lächelte sanft. Ich verließ leise, aber wissend, dass es unsere letzte Gemeinsamkeit gewesen war, die Zelle, in der sie so viele Jahre zufrieden und gütig vor sich hin lebte – und ich bin abermals tief berührt! Hier habe ich den Entschluss gefasst, einfach diese andere Biografie der Menschlichkeit zu schreiben.

Eine Evolution. Gerade die geistige beginnt immer mit einer Revolution! Es geht alles um die geistige Weiterentwicklung und diese unterliegt keiner Religionsform. Mir ist es egal, wenn ein Pfarrer verheiratet ist und glücklich mit seiner Ehefrau mit oder ohne Kinder lebt. Im Grunde ist es mir viel wichtiger, dass gute Gemeindearbeit geleistet wird. Dass wir diese oft zitierte Toleranz und Menschlichkeit auch endlich leben!

Es ist mir wichtig, darauf hinzuweisen, dass unsere Kinder, egal welcher Hautfarbe, alle unseres besonderen Schutzes bedürfen. Besonderes Augenmerk möchte ich aber schon jenen Kindern zukommen lassen, die in kirchlichen Organisationen untergebracht sind. Oder die in staatlichen Heimen leben müssen, also all jene Kinder, die von ihren Eltern nicht versorgt werden können. Da könnte ich mir eine externe Organisation vorstellen, die alles kontrolliert. Und klar müssen das nicht zwingend Leute aus der Kirche sein. Ich richte damit klar mein Wort gegen die heuchlerische Scheinheiligkeit! Hängt diese an den Nagel und fasst den Entschluss, mit beiden Händen was zu verändern und Gutes zu tun! Im Sinne dieser viel gepriesenen Nächstenliebe, die ihr in den Kirchen immer wieder runterrattert, ihr nennt es beten! Tun Sie etwas, man muss nicht immer Geld spenden, das ist nicht nötig. Es gibt unzählige Formen der gelebten Nächstenliebe, für die man nichts bezahlen muss. Ein Blick in Ihre Nachbarschaft würde genügen und Sie finden sicherlich einen älteren Menschen, der unentgeltlich Ihre Dienste benötigt. Oder Sie gehen jemanden besuchen und fördern damit die sozialen Kontakte. Denn auch die älteren Menschen haben Bedürfnisse!

Ich möchte Ihnen auch den Gedanken ans Herz legen, vielleicht 10 Prozent von Ihrem Bruttoeinkommen zu spenden. Steuerfrei und absolut transparent, das bedeutet, keine Lücken, es muss nachgewiesen werden, was mit diesem Spendengeld geschieht. Natürlich müssten diese Spendengelder von Leuten verteilt werden, die sich ehrenamtlich diese Aufgabe zutrauen.

Wagen Sie mal den Blick über den eigenen Tellerrand, halten Sie inne und fragen Sie sich, was fehlt mir denn? Blicken Sie in den Spiegel und seien Sie dankbar und grinsen Sie hinein, das wird Sie schlagartig fröhlicher machen. Sie glauben gar nicht, was gelebte Dankbarkeit für ungeahnte Nebenwirkungen hat! Für mich persönlich ist es von unerlässlicher Bedeutung, etwas zu verändern. Anderes Gedankengut zuzulassen und die Welt um ein kleines Stückchen besser zu gestalten – das ist mein Ziel!

In diesem Sinne glauben Sie, was Sie wollen. Lernen Sie aber, glücklich und zufrieden zu leben, und vergessen Sie dabei nicht, auch mal dankbar zu sein! Gehen Sie aufrecht und achtsam durch Ihr sonniges Leben und genießen Sie die Tatsache, dass wir allesamt Glück hatten, auf dieser Seite der Weltkugel geboren zu sein!

Bewerten Sie dieses Buch auf unserer Homepage!

www.novumverlag.com

Die Autorin

Ursula Antonitsch kam 1967 in Klagenfurt zur Welt. Sie durchlebte eine steinige Kindheit und Jugendzeit, gefolgt von einem kurzen Ausstieg aus der Gesellschaft. Schritt für Schritt fand sie dann den Weg in ein „normales" Leben zurück, machte eine Ausbildung zur Pflegehelferin und arbeitete in diesem Bereich. Die Autorin ist verheiratet und hat zwei Kinder.

Der Idee folgend, ihre turbulente Lebensgeschichte niederzuschreiben, entstand ihr biografisches Buch „Das schwarze Schaf im Kloster".

novum VERLAG FÜR NEUAUTOREN

Der Verlag

*„Wer aufhört
besser zu werden,
hat aufgehört
gut zu sein!*

Basierend auf diesem Motto ist es dem novum Verlag ein Anliegen neue Manuskripte aufzuspüren, zu veröffentlichen und deren Autoren langfristig zu fördern. Mittlerweile gilt der 1997 gegründete und mehrfach prämierte Verlag als Spezialist für Neuautoren in Deutschland, Österreich und der Schweiz.

Für jedes neue Manuskript wird innerhalb weniger Wochen eine kostenfreie, unverbindliche Lektorats-Prüfung erstellt.

Weitere Informationen zum Verlag und
seinen Büchern finden Sie im Internet unter:

w w w . n o v u m v e r l a g . c o m